SAVOIR VIVRE EN FRANCE
ET SAVOIR S'HABILLER

IL A ÉTÉ TIRÉ DE CE VOLUME, LE CINQUIÈME DE LA COLLECTION

« NOTRE TEMPS »

DIX EXEMPLAIRES SUR PAPIER IMPÉRIAL DU JAPON, NUMÉROTÉS DE 1 A 10; SOIXANTE EXEMPLAIRES SUR PAPIER DE HOLLANDE NUMÉROTÉS DE 11 A 70, ET CINQ EXEMPLAIRES SUR MÊME PAPIER HORS COMMERCE, NUMÉROTÉS DE I A V; CENT EXEMPLAIRES SUR VELIN PUR FIL LAFUMA, NUMÉROTÉS DE 71 A 170, ET VINGT EXEMPLAIRES SUR MÊME PAPIER HORS COMMERCE, NUMÉROTÉS DE VI A XXV; HUIT CENTS EXEMPLAIRES SUR PAPIER ALFA, NUMÉROTÉS DE 171 A 970.

EXEMPLAIRE N° 643

COLLECTION « *NOTRE TEMPS* »
PUBLIÉE SOUS LA DIRECTION DE PIERRE BONARDI

EUGÈNE MARSAN

SAVOIR VIVRE
EN FRANCE
ET
SAVOIR S'HABILLER

PARIS
LES ÉDITIONS DE FRANCE
20, AVENUE RAPP, 20

PROLOGUE

Quoique le savoir-vivre soit inné chez tout esprit bien réglé, cependant, faute de préceptes formels, des hommes honnêtes et instruits en manquent quelquefois, ce qui est regrettable.

ERASME.

PROLOGUE

La civilisation est constamment en péril. Elle n'est pas donnée une fois pour toutes. Elle n'est point à jamais acquise. Elle est sauvée tous les jours.

Rivarol disait qu'elle n'a pas plus d'épaisseur ni de consistance que la rouille sur le fer. Il est facile à l'homme de redevenir pareil aux bêtes. Quelle que soit la majesté, la mystérieuse autorité des voix qui le lui interdisent, il en a la tentation. La personne veut dominer, se rassasier, jouir. Tout ce réseau protecteur de lois et d'usages qui enveloppe nos demeures, tout ce peuple de machines à notre service, qui enserre le monde, peuvent être emportés par un élan de la brute, par une simple erreur de calcul moral ou politique.

Cependant, ne va pas désespérer. Quelques esprits chagrins prétendent que nous sommes tous devenus incurablement grossiers. Ils disent que personne ne sait plus vivre. Mais la preuve qu'ils allèguent est toujours la même. Elle est toujours tirée du même endroit. A croire qu'ils passent leur existence sous la terre, dans ces galeries[1].

Partout ailleurs, il ne te semblera pas que les Français soient devenus si discourtois, si malappris et mal intentionnés.

Il me semble, au contraire, que tout le monde — bien que chacun soit plein de soucis, pour cause — il me semble que tout le monde est à peu près gracieux pour tout le monde. Gracieux avec bonhomie. Bienveillant sans façon. Mais oui. La France est le pays où deux marchandes des quatre saisons se disent encore madame, *lorsqu'elles n'ont pas l'honneur de se connaître, et longtemps après.*

1. Pourquoi donc, en effet, tous les hommes ne cèdent-ils pas leurs places à toutes les dames, dans le métro ? Sinon, parce que l'engin est trop rapide, vertigineux, que l'on y est entre inconnus, que ta voisine, dans ce chaos, peut être une voleuse, que l'on s'y loge au petit bonheur, en fin de compte que notre moitié y attrape tout à fait cet air intrépide de nouvelle amazone, *entichée d'égalité*, qu'elle a voulu ?

On est plus simple qu'autrefois, voilà tout, plus rond ou plus carré, comme il te plaira. Notre langue est si délicate qu'elle en arrive à faire de ces deux mots contradictoires deux termes presque synonymes.

Le nouveau riche lui-même, qui fait rire l'ancien, s'il pèche souvent contre l'usage, il faut remarquer que c'est, en général, contre l'usage récent, au nom d'un usage ancien. En réalité, il est fidèle autant qu'il peut à l'urbanité d'un vieux peuple poli, y ayant d'autant plus de mérite que tant de biens si neufs, en tas miraculeux, pourraient lui tourner la tête, le gonfler, l'infatuer.

Il y a, dans la littérature du XIXe *siècle, une page touchante entre toutes. Celle où Veuillot évoque son enfance, son père, la tranquillité et la propreté d'une maison sans luxe : « Jacques était charron de village. Du produit de son atelier, il acheta une maison où il éleva six enfants magnifiques. Fleurie de chèvrefeuille et de lilas, on y chantait toujours... »*

On y chantait. On y avait les deux honnêtetés : la grande, qui est celle de l'âme, et l'autre, qui n'est point petite, l'honnêteté des manières.

L'honnêteté. Admire encore une fois notre langue. Le même mot pour ces deux vertus, en apparence si inégales, afin de découvrir leur parenté.

Est-ce que tu crois que tant de biens sont définitivement perdus ? Je te citerai, qui qu'en grogne, *l'un des meilleurs livres d'Henry Bordeaux,* le Cœur et le Sang.

Un homme a tué. D'un coup de fusil, il a abattu une canaille qui avait séduit sa sœur, et l'insultait, lui, elle, une autre encore. Dénoncé à plusieurs années de là, lorsqu'il y a prescription, il est jugé dans la montagne par ses pairs, les garde-chasses. C'est au lendemain de la guerre.

« *Nous nous installâmes les premiers, dit le narrateur, bientôt suivis de tout notre monde. Je remarquai, bien que la lueur des lanternes fût vacillante et faible, que nos hommes, au retour de la chasse,* avaient fait toilette. *Ils s'étaient rasés, brossés, astiqués, et le cuisinier lui-même avait troqué sa calotte contre un feutre plus distingué. Le respect de la justice leur imposait ces soins.* »

Le respect de la justice, la dignité du cas, le sentiment parfaitement juste et noble d'un ordre supérieur. On s'habille, on tient son rang, on est net, on parle à son tour.

Les lois modestes de la civilité, les simples usages du savoir-vivre nous aident tous les jours à nous vaincre. Ils ne sont pas vains. Ils contribuent à l'ordre, ils l'assurent, ils lui donnent un charme. Ils protègent la faiblesse, bornent la force. Ils tiennent en bride la sottise et la méchanceté.

SAVOIR VIVRE EN FRANCE...

Quelque défaut d'adresse qui se rencontre dans les actions des personnes modestes et charitables, elles ont néanmoins l'avantage que, bien loin que l'on s'en choque, on les prend en bonne part, et on l'excuse ; au lieu que de quelque politesse qu'un homme fier, superbe et dédaigneux accompagne ce qu'il fait, tout déplaît, tout offense.

ANONYME DE 1712.

SAVOIR VIVRE EN FRANCE...

POLITESSE ET CIVILITÉ

Prends patience. Quelques définitions sont nécessaires pour commencer. Tu en seras plus libre ensuite, tu voleras à travers mon texte. Du reste, je vais faire vite. Cent à l'heure.

La civilité est donc l'honnêteté que chacun doit garder ou porter dans ses paroles et dans ses actions.

J'ai trouvé cela, qui est parfait, chez un auteur inconnu du XVIIIe siècle.

Il reprenait en d'autres termes la célèbre définition cicéronienne : une science qui enseigne à dire tout ce qu'il faut dire, à faire tout ce qu'il faut faire. (Cicéron.)

Pour bien vivre, il en résulte que tu dois suivre les trois règles suivantes, plus philosophique l'une que l'autre :

1° Tu te connais toi-même.

2° Tu connais les autres.

3° Tu observes, dans tous les cas, le temps et le lieu, l'heure et l'endroit.

Tu te connais toi-même, pour te conduire selon ton âge et ta condition. Tu connais les autres pour rendre à chacun ce qui lui est dû. Enfin, tu sais toujours où tu es.

Les vieux auteurs fondaient toute la civilité sur les plus belles vertus de l'âme. Ils la tiraient de l'humilité, de la charité. Pénétrant avec plaisir dans notre labyrinthe intérieur : la modestie, disaient-ils, produit le respect, qui est la cause de la bienséance, d'où vient la civilité. On était ingénieux au XVIIe siècle. Les généralités psychologiques plaisaient à tout le monde. Toi, si je t'ennuie, homme pressé, mon frère, tu n'as qu'à sauter à pieds-joints, tu prendras mon livre à la page 23.

On allait jusqu'à distinguer deux sortes de respect, celui qui est dû par tout le monde à tous, ou respect commun, et celui qu'inspirent en particulier la soumission, l'admiration, l'amour.

On voulait oublier l'égoïsme, auquel je te permets de penser positivement. La civilité peut être le bouclier d'un égoïsme bien entendu. Tu respectes les autres pour qu'ils te le rendent, et que vous soyez tous heureux. Ce n'est pas une petite affaire pour les hommes que de vivre en paix.

Veux-tu creuser un peu plus ? Veux-tu distinguer quelques nuances essentielles ? Littré va nous les dire.

La civilité est le premier degré, elle a son cérémonial, ses règles convenues.

Et naturelles, faut-il ajouter, presque instinctives. On ne se promène pas tout nu. Cette petite fille que j'ai vue, qui avait quinze mois, que l'on avait appelée un soir à saluer le beau monde, et qui tirait sur sa chemisette trop courte, pour l'abaisser par devant (sans voir qu'elle découvrait de la sorte un mignon derrière...).

La politesse complète la civilité par des manières et une façon de s'exprimer qui ont quelque chose de noble, de fin, de délicat.

La courtoisie implique — en plus — des

sentiments chevaleresques. Elle va jusqu'à la générosité.

Essayons de pousser plus loin que nos prédécesseurs.

Ils pensaient qu'on peut enseigner une honnêteté pour ainsi dire passive, ou de rigueur, et non point la bonne grâce, non point la gentillesse, non point cet air et cet attrait, propres à quelques-uns, qui leur permet de plaire à première vue.

Par une gradation insensible et séduisante, j'espère, qui que tu sois, si tu n'es pas tout à fait abandonné, que tu pourras parvenir même à plaire.

Tu vois si je suis un homme précieux !

L'USAGE MORT ET L'USAGE VIVANT

Les manuels de civilité qui ont paru en France depuis le XIXe siècle n'ont pas la qualité des vieux traités.

Ils se bornent à peu près à la forme extérieure, à l'aspect de nos actions. Ils n'entrent guère dans les volontés. Ils enseignent à peu près à bouger, non pas même à parler, à plus forte raison à séduire, à toucher.

Si grande que soit ma modestie, je suis donc obligé de sentir, non sans crainte, quel est le grand vide que je désire combler.

Ce n'est pas qu'en ce vide je veuille voir le signe d'une grande décadence de nos mœurs, d'un grand épaississement. Il se pourrait, au contraire, qu'il révélât un tel progrès, une telle diffusion des anciens préceptes que personne n'a plus besoin qu'on lui fasse exactement la leçon.

Si surprenante qu'elle puisse paraître, telle est bien ma pensée, que je soutiendrai plus d'une fois par une bonne preuve. Le plus pauvre, le plus maltraité, sait aujourd'hui qu'il faut se découvrir en entrant. Le plus orgueilleux ne l'oublie pas. Et le plus sauvage, le plus farouche ennemi des lois, il ne lui viendrait pas à l'esprit de bâiller au nez des gens.

Mais c'est l'âme même de la politesse qu'il importe de définir.

Et d'autre part, l'usage varie.

Nous le remarquons à peine, nous le suivons sans y penser. Et il change. Tu vas voir.

Je rouvre mon inconnu de 1712 (probablement un précepteur). Il a très bien observé que l'usage pouvait se polir, disparaître, varier, la civilité demeurant toutefois immuable dans son principe, puisqu'elle est nécessaire. Et de dire :

« *Autrefois, il était permis de cracher à terre*

devant des personnes de qualité, et il suffisait de mettre le pied dessus; aujourd'hui, c'est une indécence.

» *Autrefois, on pouvait tremper son pain dans la sauce, pourvu que l'on n'y eût pas encore mordu; maintenant ce serait une espèce de rusticité.*

» *Autrefois, on pouvait retirer de sa bouche ce que l'on ne pouvait pas manger, et le jeter à terre, pourvu que cela se fît adroitement, et maintenant ce serait une grande saleté...* »

J'ai pensé de mon côté à toutes les modifications de nos attitudes, de nos actes, de nos paroles, de nos mouvements. Et j'espère n'avoir omis aucune démarche importante de cette vie presque entièrement nouvelle depuis vingt ans.

L'auto, l'électricité, l'avion... Oh ! le cœur humain ne peut changer, nous le savons bien. Mais nos habitudes, oui, nos salams, notre bonjour, nos inclinations, notre tour d'esprit.

Plaisir de mettre à la page un nouveau riche plutôt arriéré que foncièrement grossier.

Plaisir de te présenter, à toi, un miroir tout neuf.

Plaisir encore de résoudre ou de poser plus d'un problème récent, plus d'un cas incertain, qui n'est pas encore fixé.

Et plaisir, risque, hasard, ambition de transmettre à la postérité un témoignage, le plus complet possible.

A présent, au fait. Voici ta page 23.

LA MAIN ET LE CHAPEAU

Tu as un chapeau. Qu'est-ce que tu en fais ? Il te couvre, il t'abrite, il te garde du serein. Mais il te sert à saluer. Tu portes la civilité sur la tête.

Lorsque tu entres dans une maison, tu as de la chance, à présent. Une simple alternative. Ou tu viens en visite, en ami, enfin tu es connu, et tu le laisses avec ton manteau dans l'antichambre, comme tu mets tes gants dans ta poche. Ou tu joins quelqu'un pour une affaire, et tu gardes ton chapeau dans ta main, sans le brandir. Fais comme tu voudras, on ne doit pas le remarquer.

Tu ne sais peut être pas, si tu es des dernières couvées, combien de problèmes ont disparu, combien de soucis, par les deux solutions que voilà, si raisonnables et décentes.

Il n'y a pas vingt ans que les amies de nos mères nous obligeaient à jongler chez elles avec notre premier huit-reflets, les gants, la canne. Elles nous glissaient, au milieu, une cruelle tasse de thé, comme si nous avions eu vingt ou trente doigts.

Dans les maisons de l'ancienne France, si vastes, auprès desquelles les nôtres paraissent des réduits, on allait d'un appartement à l'autre, le chapeau sur la tête. On en avait besoin à tout moment pour saluer. On restait même couvert en certains cas qui nous surprennent. Sur les marches d'un escalier, par exemple, dans l'attente d'un grand. Ou même dans une salle, jusqu'à l'arrivée de l'hôte. Les précepteurs étaient obligés de rappeler en insistant qu'il fallait se découvrir dans toute chambre contenant un lit. Le chapeau toujours gardé permettait à certains raffinés de saluer les portraits comme ils eussent fait devant l'original. A Versailles, il fallait saluer au passage dans les galeries le couvert du Roi.

Notre salut a été considérablement abrégé.

Au XIXe siècle, un galant homme se souvenait encore du temps que son chapeau avait une belle plume. Son bras décrivait dans l'espace un bel arc.

Le galant homme fut la réduction à un plus petit format de l'honnête homme de jadis.

A présent, dehors, nous observons un curieux phénomène. Que deux hommes qui sont des égaux, même s'ils ne sont pas très liés, viennent à se croiser. On dirait qu'ils ont peine à tirer leur chapeau. Ils marquent un temps. Des pensées contradictoires traversent leur esprit, qui les embarrassent une seconde, comme à leur insu.

Quel est ce mystère, sinon un cas de conscience ? Le conflit, dans une âme, de la politesse qui fait toujours entendre sa voix, et d'une habitude qui vieillit. La courbe aérienne décrite par un chapeau qui salue a fini par nous sembler trop pompeuse, emphatique. Elle jure avec la simplicité qui habite en nous. Cependant, les doigts qui touchent l'aile du chapeau, cela peut être bien froid ou trop familier. La main cordialement levée et agitée, celui-là va se figurer que tu l'adores, alors que tu ne l'aimes pas à ce point. Comment faire ?

Regarde les jouvenceaux. Ils ne sont pas embarrassés. Ils ont trouvé ce qu'il fallait. L'esprit du temps se manifeste en eux.

Doivent-ils un grand salut ? Ils ne le font pas. Ils font mieux. Ils enlèvent leur chapeau. Ce n'est pas la même chose. Ils le retirent. Le voilà au bout du bras, à la hauteur de la cuisse : tu n'as rien vu.

Plus familièrement, ils arracheront de leur tête aux cheveux bien collés leur chapeau mou saisi à pleine coiffe. Au lieu de le soulever dans l'espace et de l'y tenir un instant suspendu (qui est précisément ce qui te gêne), ils le jettent de côté, et ils le ramènent aussi brusquement sur leur crâne, où ils l'enfoncent.

Entre eux, ils lèvent la main. Premier cas : cette main effleure l'aile. On n'est pas très chaud. Second cas : elle s'arrête en route. Vivent les amis ! Dans les deux cas, attention : la paume est en dehors. Est-ce que cela n'est pas d'une jolie franchise ?

Si tu n'aimes pas à réfléchir, il te semble que la poignée de main est un commandement de Dieu, inscrit depuis l'origine dans l'ordre des choses. Cependant, ce n'est qu'un usage, et qui même n'est point vieux. En forme de signe convenu, et comme obligation de la politesse courante, elle n'a pas deux siècles. Elle n'a pas cent cinquante ans.

Il serait aussi *naturel* de se frotter nez contre nez.

Les Romains levaient le bras droit comme pour prendre le ciel à témoin, tandis que la tête traduisait le respect ou l'arrogance, le défi ou la soumission, le deuil ou l'enthousiasme. Autant de nuances que le salut des Faisceaux italiens a retrouvées et rendues.

Les jeunes Arabes, dans leur complet bleu-marine, sous la chéchia, portent la main à la poitrine, au front, sur la bouche. Ils désignent les deux sources et le truchement de l'amitié, du respect. Ils ont choisi d'imiter leurs ancêtres, fondateurs de leur race, plutôt que leurs pères vaincus. L'Assemblée d'Angora a été bien sotte, lorsqu'elle a décrété sous peine de mort le règne du chapeau, au lieu du fez et du tarbouch. Elle disposait d'une coiffure-drapeau, et elle la jette ! Si j'en étais le maître, je coifferais toute l'Armée française d'un béret bleu.

Encore un peu d'histoire. Elle éclaire en profondeur. Pour nos pères du XVIIe siècle, c'était encore un acte solennel que de « toucher dans la main ». Qui engageait. Qui liait. Qui consacrait un serment. Un devoir qu'ils rendaient était traduit par le salut à distance. Leur respect, par la révérence. Leur familiarité, par l'accolade.

Dans le contact de la personne amie, les hommes sentent une douceur. Ils sont rassurés. Ils craignent moins, après cette promesse, les embûches du destin. Mais il a fallu des milliers d'années pour que l'élan de l'amitié devînt le geste habituel de la politesse. Des milliers d'années pour que l'homme en défiance dans l'immense traquenard permît à autrui de le toucher. Est-ce que je t'ouvre des abîmes?..

On donne son regard en même temps que sa main. On le donne avec une expression qui diffère selon le cas, depuis l'indifférence correcte jusqu'au plus tendre dévouement. Un quatrillion de nuances. Évite toujours un air de distraction, qui fâche. Évite une distraction réelle, qui t'expose.

Tout le monde te dira ce que signifie une main molle, une main indécise, une main fuyarde. Le plus traître est celui qui insiste hors de propos, qui ne te laisserait spontanément qu'un centième de seconde le bout de ses doigts, s'il n'avait appris à feindre. Tâche de reconnaître infailliblement sa main. La tienne est vigoureuse : droit devant toi. Si tu dois le respect, tu t'inclines sans bassesse. Si la supériorité est chez toi, tu souris mieux que chez le photographe. S'il y a égalité, un petit air du menton. Si le cœur s'en mêle, livre lui passage. Notre ironie n'est plus acide, comme il y a trente ans. Elle nous laisse croire aux choses belles et bonnes.

Les pages ont inventé une nouvelle poignée de main. On prend la main de l'autre. Au lieu de l'élever, au lieu surtout de la secouer d'un air naïf, on imprime un léger mouvement de haut en bas, un seul, tandis que le torse se redresse avec une sorte de fierté pourtant cordiale. Si tes quarante ans ne sont pas trop loin, va, ne t'obstine pas : fais ainsi, bien que sans appuyer.

Avec les dames, non. Les dames ont droit à une poignée de main qu'elles dirigent. Tu feras bien de te rappeler l'ancienne manière : tu sais, ton coude à la hauteur de tes épaules inclinées. Non pour la reproduire, pour t'en inspirer seulement. Tu abrègeras. Tu te bornes à indiquer ce qui était naguère écrit, décliné.

A moins que tu ne préfères baiser la main.

En principe, une main gantée n'a pas droit au baiser. Dans un salon, s'il y a plus de trois ou quatre dames, tu t'en tiens à la seule maîtresse de maison. Je te dirai pourquoi dans un autre chapitre. Dehors, tu tiens compte de tout, du lieu, de l'heure, de la saison. On peut baiser la main (donc, le gant) dans la rue Vaneau, non dans la rue de Babylone, qui est trop passante. Je me cite moi-même, tu permets : « Rue de la Paix, parce que c'est elle, en dépit de la foule, et non pas sur les boulevards. Aux Acacias, quand c'est l'heure, et non pas dans la petite allée aux arbres en chicane qui va d'Auteuil à Longchamps... »

*

Cette main que tu baises, tu ne t'abîmes pas sur elle. Tu n'as pas à marquer une admiration désordonnée. A peine si tu te penches. Tu l'élèves, sans brusquerie, tandis qu'elle fait, si elle est bien apprise, la moitié du chemin. Il faut savoir. Le baiser lui-même est léger comme un souffle.

Il y a aussi des jeunes filles qui sont trop jolies. Quelqu'un que je connais bien, qu'il me semble bien connaître, leur embrasse quelquefois le bras, très franchement au-dessus du poignet, par exemple, sur le muscle du canot et du tennis. Il allègue ensuite qu'il est interdit de baiser la main aux jeunes filles.

Avant de reparler légèrement des manières du monde, en sauvage ou en ermite, tu peux y penser. Dans l'état de nature, seul un amant (et encore, qu'en savons-nous ?) baise la main de celle qu'il aime. Tandis que l'état de civilisation amène sous ta bouche toutes les belles mains de la terre. Le moyen d'être disciple de Jean-Jacques Rousseau ?

LE HAUT DU PAVÉ

Imagine, par impossible, une société tout à fait brutale. Sois tranquille : la crainte, l'admiration de la force vont y multiplier les courbettes.

Imagine, au contraire, une société entièrement naïve. L'innocence, la modestie, l'amour y font la révérence. Ils ont des rougeurs, des clins d'yeux.

Les bergers enrubannés du Lignon ne furent qu'un songe. Mais les beaux sauvages de Gauguin s'inclinaient...

Tu ne renverseras jamais l'étiquette. Elle renaîtra sans fin, comme l'oiseau Phénix. La Révolution française eut son Cambacérès, son Robespierre, son Napoléon, je veux dire ses cravates, ses gilets, ses grands maîtres de cérémonie. Et toutes ont leurs Orontes, je veux dire leurs courtisans.

Je ne voudrais pas avoir affaire dans un bureau des Soviets. Je suis sûr qu'ils dissimulent, dans leur coude à coude et leur odeur, tout un rituel chinois, tout un lexique. Le moindre manquement va dénoncer le profane.

Dans les rues désolées qu'a peintes Henri Béraud, dans le vaste silence de la misère, je suis sûr que les prétendus loups faisaient risette à Mme Lénine.

Elle passait la première, marchait en reine, avait le pas.

On lui cédait le haut du pavé.

Puisque nous sommes plusieurs, puisque nous sommes deux, celui qui est *moins* va s'effacer, tarder, attendre.

La nature a fait de la priorité dans l'espace le signe du commandement, l'aveu du respect.

Et la nature a fait de la droite la place d'honneur, — où l'on garde toujours libre sa meilleure main.

C'est pourquoi les dames nous précèdent.

La vie sociale a voulu reconnaître dans leur faiblesse physique une supériorité délicieuse; elle a vu une supériorité de nature dans leur maternité, dans leur beauté, dans leur grâce.

Il faut qu'une jeune femme soit bien laide, et bien méchante une vieille, pour nous laisser, à vrai dire, tout à fait insensible au passage, tout à fait de glace.

Cependant les préceptes veulent être à l'occasion contredits. C'est lorsque leur effet, dans un cas donné, va contre leur principe.

Témoin, ce petit problème.

S'il se presente une mare, une fosse, un bourbier, et que tu risques en le franchissant de faire éclater l'eau et la boue. Sera-ce l'honneur de se crotter que tu céderas avec pompe et majesté ?

La solution n'est pas douteuse. Tu vas devant, tu fais signe. Arrivé sur l'autre bord, tu tends la main.

Autre exception. Lorsqu'un peu tremblante, et son visage rougissant, qu'une mode téméraire ne lui permet plus de voiler, une belle franchit à ton pas le seuil d'un amour clandestin, est-ce que tu ne voudras pas la précéder ? Est-ce que tu ne voudras pas capter l'insupportable premier regard de l'hôtel ?

Plus simple encore. Tu as trois fauteuils d'un cinéma. Et si tu laisses mécaniquement entrer dans la file, et s'asseoir, les deux dames qui t'accompagnent, il se trouve qu'elles sont moins bien que toi, moins en face. Tu es puni d'avoir été distrait. Tu es rouge de honte.

Au restaurant avec une dame, tu entres le premier, j'imagine, pour t'effacer aussitôt après.

Tu passes encore le premier, au restaurant, pour t'effacer de même, c'est-à-dire à l'instant, si tu es l'hôte, si tu as des invités. Tu confirmes ton rôle.

Par exemple, si l'homme que tu accompagnes est *plus* que toi, tu t'effaces toujours.

A lui de prendre plus ou moins vite ce pas que tu dois lui offrir. Mais quand la différence est très grande, tu deviens indiscret en insistant après qu'il a refusé. Le plus simple est alors que tu *obéisses*. Que ce soit avec un air de confusion, de modestie, presque d'humilité chrétienne.

Après beaucoup de mines et de protestations muettes, le pauvre gentilhomme anarchiste qu'était Laurent Tailhade, n'acceptait de passer qu'en soulevant son chapeau, et il disait : « Par obéissance. » C'est trop. Cet excès sent le bretteur, le rhéteur, le cadet de Gascogne, le boulevardier au monocle à ruban de moire, déjà désuet en 1910. Qu'un simple regard de toi soit plus éloquent.

La règle toute seule n'était donc rien. L'application, voilà le *hic*. Les nuances infinies de l'application. La civilité est une casuistique.

Il est vrai que si la règle générale n'était pas clairement posée et fondée, les circonstances singulières seraient encore plus embarrassantes. On n'aurait plus aucun moyen de s'y reconnaître.

Règle. — Quel que soit le service à rendre ou l'obstacle à évincer, le « serviteur » prend les devants, et s'éclipse.

A l'église, par exemple, les dames reçoivent l'eau bénite du bout des doigts. Tu opéreras avec une célérité invisible. Tu étais derrière elle, et tu as passé ton bras, elle ne sait comment... Au lieu que nos pères du XVIIe siècle menaient les dames à l'église en tralala. Ils les tenaient par la main.

En principe, c'était la main gauche que la dame présentait pour être ainsi conduite. Mais le cavalier passait derrière elle, il se mettait à droite si, le ruisseau franchi, la rue traversée, ou la dame revenant sur ses pas, *le haut du pavé avait changé.*

Nos ruisseaux ne sont pas infects, mais ils n'ont pas disparu. Ils te marquent toujours ton devoir. Le haut du pavé est contre le mur des maisons. C'est lui que tu laisses à la dame.

— Et je voltigerai, comme un petit chien, chaque fois que sa fantaisie lui commandera de traverser ?

— Tu changeras, comme un homme. Tu garderas du ruisseau et de la foule ta dame et ton supérieur.

De même à cheval. Sauf si la direction et la force du vent allaient ainsi diriger la poussière contre « la personne qualifiée ».

Pour cette raison, pour éviter aux messieurs tant de voltes à la fin ridicules, les vieux auteurs recommandaient aux dames de modérer leurs caprices. Nos contemporaines ne voudront pas être moins raisonnables. Elles éviteront de voleter de la modiste de droite au bijoutier de gauche. Ou bien, elles s'y prendront de telle sorte que tu te trouveras bien placé tout naturellement. Point de politesse sans réciprocité.

Vois d'ailleurs comme elles sont devenues bonnes filles. Reconnais qu'elles ne sont plus gênantes. Elles marchent. Elles ne veulent plus ton bras. A peine l'acceptent-elles sur la chaussée, lorsque vous franchissez un espace. Et s'il est bombardé par les autos, elle te laissera très bien, elle reprendra sa liberté. Elle sent que vous avez plus de chance, individuellement, d'échapper à la mort.

Ce n'est pas qu'elles aient vraiment renoncé

à leur tyrannie. Elles l'ont seulement rendue moins maniérée. Elles ont simplifié leur système de gouvernement.

¶ L'homme qui donne le bras, donne le bras gauche parce que donner le bras c'est protéger. Il faut que la main droite reste libre. Pour danser, au contraire, c'était le bras droit que le cavalier donnait à la dame, parce que l'idée de protection n'intervenait plus, et que, dans le passage de la promenade à la danse, le mouvement de droite à gauche était plus facile.

LE BIBI DES DAMES

Stop ! Un instant. Je fais réflexion que les dames ont aussi un chapeau, et que je n'en ai point parlé.

Tu as remarqué que je n'oubliais point les dames.

Mes prédécesseurs y pensaient moins, comme s'ils préféraient laisser dans le mystère, à la douce influence de la maison et du couvent, presque tout ce qui avait trait à la conduite des femmes.

Ce quasi-silence n'avait d'ailleurs rien d'injurieux, puisque l'on tirait le savoir-vivre de la modestie, de la bienséance. Il était sous-entendu que les femmes, ayant ces vertus innées, toute leçon qui insistait en devenait grossière.

Pensaient-ils, en outre, victimes d'une apparence, que l'initiative appartenant en général aux hommes, il suffisait à une femme, pour se tirer d'affaire, d'un peu de bon sens et de réserve ?

Il se peut enfin qu'ils n'eussent pas tant d'intentions. Les hommes étant presque seuls à écrire, à parler fort, on s'adressait de préférence aux hommes.

Dans cet effacement, les femmes ont le mieux régné. Du fond des salons et des demeures, elles orientaient les hommes comme des soleils leurs satellites. Qui dira jamais leur force invincible ? La force de ce charme des femmes si prodigieusement complexe qu'il pouvait être à la fois maternel et enfantin ?

Quoiqu'il en soit, les temps varient (refrain). Entre tant d'autres merveilles — je les dirai toutes — il est sûr qu'elles ont un chapeau.

Une découverte que tu fais. Elles ont un chapeau.

A travers les âges du monde, elles ont eu des coiffes et des bonnets.

Au XVIIIe siècle, même au XIXe, et il n'y a pas vingt ans, qu'est-ce donc qu'elles portaient sur la tête ? Etait-ce un chapeau ? Ou si ce n'était pas un édifice, un monument, un navire de haute mer chargé de toutes ses voiles (à *la Belle Poule,* du nom d'une frégate qui fut héroïque), un jardin suspendu, un panache de carrosse, un vase emplumé, un oiseau martyr, un sous-marin, un pot à fleur. A moins, par une autre lubie, que ce ne fût plus qu'une touffe, grosse comme le poing.

Quelle que fût sa dimension, la chose était toujours rehaussée, surélevée, juchée. Et puis, toute emmêlée à la chevelure. Une fois établie, elle devenait sacrée. *Mmm...* On n'y touchait plus.

Tu sais, au contraire, comment elles l'enlèvent pour un oui ou pour un non.

Il entre bien sur leur petit crâne. Il les protège. Elles l'enfoncent d'un seul coup avec décision. Elles n'ont plus même besoin d'un miroir. Attends un peu. Elles vont se mettre à s'en servir pour exprimer tous leurs plus divers sentiments.

Déjà quand elle a trop chaud, ou pour mieux t'embrasser, elle le rejette en arrière.

Pareillement, lorsqu'elle te boude, quand tu l'obsèdes, quand tu l'ennuies. (Quelle imprudence !)

Plus simplement, lorsqu'elle téléphone, et c'est alors par force, assure-t-elle, pour dégager l'oreille, mais je me défie encore un peu de leurs arguments trop logiques. (Sa mère aurait chargé ton père de téléphoner, lui. Que dis-je ? Elle ne l'eût pas suivi dans ce bar.)

Déjeune-t-elle chez une bonne amie. Y goûte-t-elle familièrement ? Son chapeau est capable de rester dans l'antichambre comme le tien.

L'autre jour, gardée à dîner au dernier moment, une jeune femme coiffa du sien un gros vase de Chine qui s'en trouva réjoui. Avantage de ces bibis désinvoltes.

J'en ai même vu une, sur le quai d'une gare, qui regardait partir son ami. Elle avait ôté son chapeau. Qui sait pourquoi ? Sans y réfléchir. Elle en étreignit plus librement son amour. Tout son visage était exposé. Lorsqu'il partit vraiment, lorsque le train s'ébranla, nous vîmes la petite main de l'abandonnée s'élever par un mouvement de la grâce la plus sobre. Et le chapeau était là, le chapeau faisait signe.

Bref, un bibi n'est plus une parure qu'il suffise de savoir choisir et coiffer. On le manie, qui avec une louable élégance, à propos et dextrement, qui avec un détestable embarras.

Chapitre inédit de la civilité.

LA DROITE ET LA GAUCHE EN VOITURE

Qu'est-ce après tout, qu'une auto ?

Pour aller plus vite, l'homme a inventé des machines : il y a des milliers d'années, la roue; hier, un moteur. A présent, il s'envole comme dans les songes.

Mais l'auto est encore un carrosse.

Et l'avion est une automobile aérienne.

Quant à l'aéronef, un navire pareillement envolé.

Plus mystérieusement que l'engin féérique décrit par René Boylesve. Les lézards verts du conte y sont remplacés par les bouledogues formidables qui s'escriment sous la carène.

Je pense avec plaisir à celui qui dans dix

ans fera quelques petits discours — par T. S. F. — sur la révérence devant l'avion. La révérence ? Un petit salut sécot de lui à elle, et rendu de même. Sécot ou preste : un signe de la tête, un signe des yeux, qui marquera cependant tout le désordre ou toute l'indifférence d'un cœur.

Quand vous montez en carrosse, il faut laisser monter la personne la plus qualifiée la première et monter le dernier en prenant la moindre place. Le fond et la droite du fond, est la première. La gauche du fond est la seconde. Le devant vis-à-vis de la personne qualifiée est la troisième, et la joignante est la quatrième...

Telle était, mot à mot, la règle du carrosse. Telle sera — *à peu près* — la règle de l'auto.

Tu ne sais peut être pas, pour n'y avoir pas songé, tout ce que contient réellement cet *à peu près* : le plus délicat, le plus enchevêtré des problèmes.

Voyons les circonstances.

Tu es l'invité. Tu prends la place que l'on t'offre, non sans quelque petite protestation qui est de droit et qui fait toujours bien. Je dis dans l'hypothèse que ton hôte ne s'est pas trompé. S'il s'est trompé, ou sur ton âge, ou sur la qualité des autres, manœuvre si tu peux, mêle les fils jusqu'à ce que justice te soit rendue. Quoique sans morgue, habilement, bonnement. Au pis, tu feras contre mauvaise fortune bon cœur. Nous vivons au milieu de confusions si profondes que le plus sage peut se tromper sans y mettre une volonté maligne.

La voiture est à toi, au contraire. Tu fais les honneurs, tu montes le dernier, tu prends la seconde place, si vous êtes deux, la troisième si vous êtes trois, la quatrième si vous êtes quatre. Qui que tu sois, tu t'effaces, tu n'es jamais la personne qualifiée, à moins que tu ne sois infirme, ou que la différence des âges soit trop grande, auquel cas tu te rends assez vite. Tu te mets au fond, mais tu n'y prends jamais la première place, tu prends toujours la seconde.

Une dame a toujours la priorité dans sa propre voiture, à moins que son hôte ait un pied dans la tombe, et même s'il est un prince, car il est là en simple gentilhomme.

Prenons encore des cas extrêmes, des cas limites, comme se plaisent à faire les mathématiciens. Tu vas asseoir près de toi, sans hésiter, une vieille servante qui t'a nourri. Elle sait qu'elle t'obéit toujours. Mais une soubrette ? Que feras-tu d'une soubrette, si tu te trouves seul avec elle, comme il peut arriver à la campagne, devant une victoria ? Tu ne la mets pas sur le siège. Tu aurais l'air d'un dindon. Tu manquerais de cette facilité qui est le privilège des riches ayant un peu de bouteille. Tu ne vas pas la mettre devant toi. Tu aurais l'air d'un imbécile. Tu lui donnes aussi la seconde place. Si tu es capable de lui parler en route, tu es très fort. Pour te tirer du silence, surtout, ne va pas l'embrasser, si tu n'en as pas vraiment envie. Et admire comme elle évite de s'accoter. Elle n'a pas oublié de garder un paquet sur ses genoux. Je t'avais bien dit, dans mon prologue, que le peuple français a le génie des convenances.

Hé ! voilà tout expliqué. La règle du carrosse paraît avoir joué à merveille.

Ne l'as-tu point remarqué ? Je n'ai plus parlé de droite ni de gauche. Je sais toujours que les deux places honorables sont celles du fond, parbleu, puisqu'elles sont les meilleures.

Personne au monde ne sait plus quelle est la première, quelle est la seconde.

Ton auto, qui est venue se ranger. Elle a correctement observé la loi rigoureuse de la circulation à droite. Et dans la règle du carrosse, la première place indiquée était celle de droite. Attention ! Tu vas donc, toi qui l'offre, passer en montant devant celui que tu prétends honorer. Tu vas repasser devant lui en redescendant, puisque tu es théoriquement tenu de descendre le premier, comme pour te mettre à sa disposition.

Passer, repasser : tu le déranges. S'il est alerte, tu risques même de le bousculer.

Très bien, dis-tu : mettons-le à gauche, puisque la circulation est à droite. Et que ce soit une affaire décidée une fois pour toutes. Qu'on ne t'ennuie plus. On pourrait même élargir cette loi nouvelle, on pourrait convenir que toute place d'honneur, en tous lieux, sera la gauche.

Mais tu n'as plus pensé à la liberté de la bonne main. C'est elle qui a désigné la bonne place. Les lois de la civilité ne sont pas toutes de convention, comme l'a cru Littré. Celle-là est naturelle.

En outre, regarde donc la place du chauffeur. Pour la commodité des signaux, on l'a mis à gauche. Est-ce l'honneur de contempler son dos que tu vas céder à ton hôte, lorsque tu jouiras toi-même de la belle vue ?

Je sais que je te présente un vrai casse-tête. La solution entièrement satisfaisante serait une circulation à gauche, avec un chauffeur également à gauche. C'est à dire que ni les Anglais ni les Romains ne sont plus avancés que nous, puisque leur circulation est à gauche, mais que leur chauffeur est mieux à droite, à cause des signaux, à cause des dangers qui priment tout. Il se trouve, en fin de compte, que nous n'avons pas à bouleverser notre circulation, mais seulement à nous ingénier.

Soit, en France, une voiture dont le chauffeur est encore à droite. J'adopte ta solution tranchée : on mettra toujours son hôte à gauche. Cela va tout seul : tu as cédé le pas devant la portière. La place de gauche est en ce cas le vrai fond, le fond du fond.

Soit, au contraire, un chauffeur à gauche. En ville, tu mets ton hôte à gauche. Tant pis. Les trajets sont courts. Il importe avant tout de laisser en paix ses jambes. Mais vous partez sur les grands chemins. Alors, tu montres quelque adroite hésitation, tu désignes la vitre de la baie, tu montres l'étendue, et tu grimpes lestement, laissant à droite la bonne place. Tu es content. Elle aura tout le plaisir des yeux.

Que si tu conduis toi-même (l'un des premiers devoirs de ce temps) tout se trouve merveilleusement simplifié. Les trois autres places ont acquis une espèce d'égalité. Cependant les choses peuvent encore vouloir des nuances. Admis que vous vous rencontriez deux hommes et deux femmes. Si la voiture est ouverte, tu prends à côté de toi la plus qualifiée des deux dames, parce que cette place est pratiquement meilleure. Si la voiture est fermée, tu prends l'homme près de toi, en principe, pour laisser les dames ensemble, comme il arrive dans l'intimité. Tu opères de même dans une voiture ouverte, si tu ne peux, sans grossièreté, donner le pas, sur l'autre, à aucune des deux dames. En ce cas, le sport te sera un bon prétexte pour mettre l'homme devant... Ou bien, vous êtes tout à fait copains. La préséance ne te chaut plus. Tu as ton volant. Les intéressés se débrouillent.

Nous ne sommes plus forcés, comme à l'âge des grandes plumes, de rester découverts en carrosse. Mais c'est redevenu une élégance.

Lorsque quelqu'un arrête sa voiture pour te parler, ou bien si tu accompagnes jusqu'à la portière, et que tu sois *la personne qualifiée*, il t'appartient de t'éloigner le premier. L'autre n'oserait pas démarrer. Dans le cas contraire, tu attends, tu es aux ordres.

Une dame qui descend, tu présentes naturellement la main, que ce soit d'une Hispano œuf de cane ou de l'autobus. Il est probable qu'elle fera mine de s'en passer, elle se dépêchera (elles sont ainsi, à présent). A toi d'être plus prompt, en levant bien la tête. Il n'est pas question de faire l'effronté. Mais quand elle serait une reine à couronne, regarde-la.

¶ Je mets *auto* au féminin. L'usage s'est prononcé. Dire aujourd'hui, un auto, un torpédo, est un pédantisme de moins en moins compris.

¶ C'est un très bon signe que le plus naïf des nouveaux riches ne prononce pas *mon auto*, mais *ma voiture*. Il dit même *ma bagnole* (s'agît-il d'une Rolls), d'un mot que l'usage a finalement décidé de prendre en bonne part. Même un peu appuyée, ou lorsqu'elle dissimule un défaut d'aisance, la discrétion est toujours une grâce.

¶ Dans le métro, qui est de plain-pied, et tout le monde y devenant fou, on ne songe plus à présenter la main aux dames qui descendent. C'est un tort. Si tu ne l'oses aux moments que la presse y devient démente, aie du moins un regard. Qu'elle voye que tu t'inquiètes de savoir si tout va bien.

¶ Dans les aéronefs, quand il y en aura de passagers, l'étiquette sera la même qu'à bord des navires, à peu près la vie de château. (Voir mon chapitre : *Sous le toit d'un ami*). — Signalé aux moralistes de l'avenir.

¶ L'auto d'une femme a besoin de deux ou trois roses, ses cousines. Elles rappellent, en pleine mécanique, les sinuosités et les parfums du monde créé.

EN VISITE

Tu as donc laissé ton manteau et ton chapeau dans l'antichambre, redevenu le vestibule, selon l'étymologie de Mommsen : on y laisse son *vestement*.

Je viens d'acquérir cette science à peu de frais. Un dictionnaire rend service à tous les instants du jour.

Mais voici qui est de moi, tiré de mes propres études.

Ces manteaux que nous avons appris à laisser, au lieu d'y demeurer empaquetés... Par cette coutume, nous avons changé nos modestes demeures en autant de palais royaux, puisque nos pères gardaient leur cape en tous lieux, sauf à Versailles, chez le Roi.

Tu as suivi le domestique, il ouvre le salon; il s'efface, tu entres.

Ou bien tu es un familier qu'il abandonne. Tu vas droit où tu es attendu. Or, tu n'ébranles pas la porte à la force du poing, et tu ne grattes pas comme un cafard. Deux coups nets et légers. Tu as chassé de ton cœur deux poisons qui gâtent tout : la timidité et l'insolence.

Dans la chambre de ton ami, tu ne mets pas au pillage les boîtes de cigarettes. Une, que l'on a le devoir de t'offrir. Demande rondement, si on l'oublie (et si toi, tu n'as pas l'habitude d'oublier les tiennes). Tu n'ouvres pas les flacons. Tu ne t'assois pas sur le lit. Tu n'es pas fou.

Dans la chambre d'une amie, tu ne cries pas à tue-tête, mais tu ne chuchotes pas, c'est trop grave.

Que si l'on t'a donné ce droit de chuchoter, tu sauras prendre ton temps. Tu connais la vertu des longues préparations. Tu ne portes pas la main sur ta belle à la hâte. Tu ne portes pas la main sur elle au petit bonheur, lorsque c'en est un grand où tu aspires...

Reprenons *da capo*. Tu étais au salon.

Tu vas droit à la maîtresse de maison. S'il y a foule tu ne baises qu'une seule main, la sienne. Tu serais ridicule si tu baisais une dizaine de mains à la file, tu ressemblerais au petit garçon que l'on appelle à faire le beau.

Tu as salué tout ton monde sans avoir paru accomplir « le tour de l'honorable société ». Dans cette opération de grand style, tu ne t'es pas laissé cerner par un avide importun. Si tu as parlé à quelqu'un, tu n'as pas négligé les autres. Comme tu n'es pas fou *(bis)*, tu n'as interpellé personne à distance. Mais tu as donné à chacun son dû. Finalement, tu t'es assis.

Où t'assieds-tu ?

Quand la maîtresse de maison te montre une place, près d'elle, tu obéis en souriant. Il faut que le plaisir se peigne sur ta face. Le plaisir, non pas la fatuité. Tu n'as pas droit éternellement à ton privilège, bien que nul ne puisse voir quand tu l'as cédé, ni plus tard comment tu te rapproches.

La bonne place n'est plus ostensiblement cédée qu'à la dignité et à l'âge.

Si la maîtresse de maison n'a rien dit, par familiarité ou distraction, tu sais que la place où te porter est fonction de la sienne, de la cheminée, de la porte, de toi-même. Quelquefois, il y a là un rébus. Tu le résouds toujours en un clin d'œil.

Et comment t'assieds-tu ?

Sans te carrer, sans t'étaler, sans ébranler le siège de tout ton poids, ni le faire basculer comme un badaud, sur deux de ses pieds, par jeu. Non plus sur la pointe de ton séant, tu n'es pas un dadais. Doucement mais franchement. L'on a droit au dossier, aujourd'hui. Tu ne te prives pas non plus de croiser les jambes, sans dissimuler craintivement tes chaussettes, qui doivent être assez belles, mais sans en faire trophée. Lorsque tu as tes deux pieds par terre, ils font un bon angle, sans outrer cette première position de la danse que l'on enseignait autrefois avec tant de soin. (Il s'agit des deux talons en équerre.)

Voilà que tu parles, si l'on t'écoute. Sinon, tu abrèges.

Tu n'as pas interrompu, tu as en quelque sorte rendu service en ouvrant la bouche. Tu ne traînes pas. Tu finis tes phrases sans les arrondir.

Il est permis de se lever. D'errer un peu, à

l'occasion, bien que tu te gardes d'arpenter la pièce comme un général d'armée. Tu ne souffres pas que reste debout par ta faute quiconque a le pas sur toi, ni même ton égal, ni même qui que ce soit. C'est alors un assaut de coquetteries diversement graduées : un assaut *muet*. Les protestations verbales ne sont plus de mise. On aurait l'air de rappeler à la maîtresse de maison des devoirs qu'elle oubliait. Tout par les yeux. A la rigueur un petit mouvement du bras. Puisque tu n'as plus, aussi bien, à trop te défier de tes gestes. Oh ! tu ne pousses pas le coude aux dames. Tu ne saisis pas ton prochain par un bouton. Mais tu ne parais pas avoir honte de tes mains.

S'il y avait des propos en route dont le début t'a échappé, tu n'as pas demandé que l'on recommençât. Tu as pris le fil.

Jeunet, tu ne crains pas de répéter : *Madame*.

— Oui, madame. Pardon, madame.

Un air d'enfant sage... Tu m'en remercieras encore dans vingt ans.

Si tu peux briller, tu l'oses. Tu évites, bien entendu, cette cheminée où les agaçants ténors des générations qui ont vieilli brûlaient les pans de leur jaquette. Stendhal voulait que l'effet maximum une fois atteint, l'on partît. A présent, tu sais qu'à sortir en clic-clac tu risques de déplaire. En général, il est mieux de se faire un peu oublier, puis l'on s'en va.

Tu n'avais pas à chercher l'heure, puisque tu l'avais à ton poignet, en bougeant un peu. C'est fini. Tu es dehors. Léger, content. Cigarette.

POUR RECEVOIR

Chez toi, qui attends... Et c'est de deux choses l'une.

I

Tu n'es pas logé comme un ministre, tu n'es pas grand.

Tu es donc assis chez toi, et n'importe où Loin ou près de cette cheminée qui était, qui est encore (je dirai comment tout à l'heure) un point de repère si commode. A ton gré, au hasard, dans un bon fauteuil. Tes amis te connaissent.

A chaque nouveau venu, il suffit que tu te déranges un peu.

En deux ou trois pas, tu t'es mis entre la

porte au moment qu'elle s'ouvre et le cercle de la conversation.

Tu n'as pas à rester là comme un héron. Tu as pris si juste tes mesures que tu saisis l'arrivant au passage, de manière que ni son entrée ni son accueil ne donnent dans la solennité.

S'il n'est pas connu de tous, tu le nommes d'abord assez haut pour que tous entendent, afin de simplifier, et tu lui nommes les hommes l'un après l'autre. Après quoi, tu vas aux dames, tu répètes son nom, en le désignant; et tu lui dis, à lui, le nom de chacune, pour son information.

Tu as imprimé à toute la cérémonie un mouvement coulant ininterrompu.

Allons plus loin. Si ton appartement est minuscule, si tu es logé comme une fillette du XVIe arrondissement à son premier tapissier (Cf. Gérard Bauer, *Recensement de l'Amour à Paris*) tu sais bien qu'il t'arrive même de ne plus te lever du tout, lorsque l'égalité et le cœur y sont. Tes amis se contentent de ton regard qu'ils aiment.

Bien entendu, je sais à mon tour que tu te lèves sans faute pour une dame.

Il y a des hommes, pour saluer, qui se dressent avec une sorte de violence, afin de bien marquer le devoir rendu. (Et quand on les présente, ils ne craignent pas en s'inclinant de heurter avec bruit une botte sur l'autre.) Ce sont des manières allemandes.

Chez elle, une femme est reine, fût-ce dans une cage à mouches. Elle se lève à sa guise pour ses amies charmantes. Elle attend tout le reste de l'univers. Elle en attend l'hommage, assise à son foyer.

Par conséquent (j'y arrive enfin) à côté de sa cheminée, pour être reconnue même par qui ne la connaît pas encore. — Fonction annoncée de la cheminée.

II

Mais, au contraire, tu as des salons royaux. C'est une foule que tu attends, dont tu n'es pas tout à fait sûr de pouvoir exactement nommer tous les visages.

Tu n'imites pas deux fous que j'ai connus, le mari et la femme. Ils recevaient beaucoup. Je dois dire qu'ils recevaient fastueusement. Mais ils trouvaient malin de se perdre tous deux dans la cohue, où l'on avait peine à les repêcher. On les rencontrait, l'un ou l'autre, au bout d'une heure, abîmés dans une conversation particulière, où rêvant près d'une fenêtre. Et ils vous riaient au nez ingénuement, tandis que les nouveaux venus, qui ne connaissaient personne, sinon les deux bébés qui les avaient priés, erraient comme les âmes du Purgatoire, entre les coups de coude.

Toi, tu vas de l'un à l'autre. Tu prends soin que tous soient sustentés. Avant tout, tu sais demeurer constamment visible comme un phare.

Tu ne cesses pas de communiquer par les yeux avec la dame de la maison, la tienne, qui de son côté s'ingénie. Mais c'est toi qui virevoltes. Des environs de la première porte tu regagnes toujours le fond des salons. Pas un instant de trêve dans ce va-et-vient que ta personne doit assurer. Au passage, tu consoles les affligés, les solitaires, et tu présentes discrètement, sans oublier jamais que deux hommes peuvent se connaître, ou un homme et une femme, beaucoup plus que tu ne l'imagines, à voir leurs regards qui ne se rencontrent pas.

Je n'envisage pas que tu sois célibataire.

Il n'y a pas de vraisemblance, avec un si bel appartement. Tu y serais d'ailleurs à plaindre. Il faudrait que tu fusses Protée.

On se présente froidement à goûter qu'il va être sept heures. A huit, il y a encore du monde. La ville est si grande, les affaires sont tant ! Le plus oisif n'en finit pas.

Ceux qui partent, tu les accompagnes jusqu'au bout du premier salon et jusque dans l'antichambre. Si j'étais à ta place, il me semble que j'innoverais. Il me plairait de reconduire un maître de la pensée ou un Maréchal de France, jusqu'en bas, jusqu'au seuil de ma maison, comme un roi.

III

Et puis, il faut parler.

Il faut que l'on parle chez toi. Tu animes une conversation, tu la pousses, tu l'alimentes, tu n'en es pas le régent. Comme une balle que tu lances. Et tu n'y prétends plus dès que tu la vois bondir, amusant tout le monde.

Le grand air a été longtemps de parler comme si l'on ne tenait pas du tout à ce que l'on disait. Est-ce que je ne fréquente plus que des gens d'un esprit véritable ? Il me semble que nous tenons à nos paroles.

Tu dois aussi des compliments à celui que tu reçois. Tu lui dois les compliments qu'il attendait. Si tu es capable d'en inventer d'autres, il te croira. Prends garde toutefois à certains cœurs, ombrageux à la louange. Je pense qu'il y en a.

Si ton hôte est pris dans une aventure sentimentale qui rende trop cruelle la pointe des gaffes, tu as veillé. Tu as su prévenir ou dérouter les plus pétulants de ta troupe.

Tu nourris bien ton monde. Aie toujours sous la main, pour baigner et raviver les langues, un Porto, un Xérès, du Frontignan, mais un Porto, mais un Xérès, mais un Frontignan odorant comme un fruit du Paradis perdu. Si méconnu par l'anglomanie, tu n'as pas à réhabiliter le Frontignan, tu le révèles. Connais tous les produits de l'Afrique, de l'Amérique. Un gâteau inédit est une gloire.

Et choisis encore les gens, crains surtout les calomniateurs.

Si la cheminée a été mal placée, près de la porte ou contre une muraille trop ingrate, la bergère de la dame n'en aura plus souci. Elle est là-bas, au fond. Son devoir est toujours de présenter toute sa maison dans le geste de son bras, comme un bouquet.

Interprétation pessimiste du monde : ce devoir est le masque d'une vanité. La vraie fin visée est que tu admires sa ribambelle de trésors. Mais nous haïssons le pessimisme, parce qu'il est aussi affreux qu'inutile.

Les Espagnols ont un usage exquis. Admirez-vous une demeure, vous récriez-vous ? Votre hôte s'empresse de répondre qu'elle est à votre disposition. Et ce n'est point vrai (nul ne l'ignore), mais cela lui rappelle, et à toi, tous les plaisirs d'une âme ouverte.

Tu es à plaindre si tes amis ne sont pas bien chez toi.

Courte addition historique, et plates mais importantes déductions. — La civilité autrefois ayant plus de détours, celui qui se logeait dans une ville envoyait des laquais protester que leur maître à peine établi demandait la faveur d'être reçu. On ne le prenait pas au mot, on le devançait, on allait chez lui. La règle, aujourd'hui, est en principe la même pour un citoyen considérable : la première visite lui est due. A grade égal ou inférieur, l'arrivant mène au contraire jusqu'au bout son premier pas. Dans les villes et dans les relations privées, un citoyen obscur, sans lettres, sans répondants, attendra des circonstances la faveur d'être reçu. Il se fie aux dieux. C'est que, dans nos foules immenses et toujours brassées, on n'est plus connu d'avance par son nom. A la campagne, la possession d'une maison ou d'une autre éclaircit tout ce début. Celui qui arrive, s'il a assez d'étoffe, s'il n'est pas scandaleux, s'il n'est pas un intrigant, commence par la remise de sa carte. La carte rendue, il hasarde sa petite visite. On ne s'accroche jamais. C'est vil. Il faut être agréé. Il faut plaire.

A TABLE

C'est ici que je triomphe.

Détracteur de nos mœurs, je vais te confondre. Je n'ai qu'à rouvrir mon vieux traité de civilité. Rappelle-toi qu'il a paru trois ans avant la mort de Louis XIV.

— *Il ne faut pas manger vite ni goulûment, quelque faim que l'on ait, de peur de s'engouer; il faut en mangeant joindre les lèvres pour ne pas laper comme des bêtes.*

Et plus loin :

— *Il ne faut pas racler les plats, ou ratisser son assiette en la desséchant jusqu'à la dernière goutte. Ce sont cliquetis d'armes qui découvrent comme par un signal notre gourmandise.*

Et plus loin... Tu admires, je pense, l'admirable tissu du langage, sa verdeur, sa saveur, sa ductilité :

— *Votre pain, il en faut tailler les morceaux petits, pour ne point vous faire des poches aux joues comme les singes.*

Qu'ils se servissent chacun de son couteau pour couper leur pain, après tout, simple affaire de convention. Mais quels éléments sont-ils obligés de rappeler, ceux qui savaient ?

— *Il est très indécent de toucher à quelque sauce avec les doigts; outre que cela vous oblige à deux ou trois autres indécences. L'une d'essuyer fréquemment vos mains à votre serviette et de la salir comme un torchon de cuisine. L'autre, de les essuyer à votre pain. Et la troisième, de vous lécher les doigts, ce qui est le comble de l'impropreté.*

Plus loin encore :

— *Que s'il arrive qu'on ait quelque chose dans la bouche que l'on soit obligé de rejeter, il serait fort incivil de le laisser tomber de haut en bas dans son assiette, comme si l'on vomissait.*

Le plus beau pour finir. Il va parler comme Molière dans *Tartufe* :

— *Se moucher avec son doigt à découvert,*

en essuyer la sueur du visage, se gratter la tête ou autre part, r. t. r. *et cracher avec cela, et se tirer de l'estomach avec force, sont des saletés à faire soulever le cœur.*

Il a pourtant dû les prévoir. Et de conclure, bouclant sa boucle.

— *Il ne faut jamais se hâter de manger comme un cheval poussif qui souffle d'ahan.*

Ainsi, ce que tout le monde sait aujourd'hui comme en naissant, ce que les petits enfants du siècle ont sucé avec le lait, a dû être appris avec application, enseigné, codifié, relaté, prêché. Il a fallu la leçon acharnée des plus honnêtes gens du royaume pour conduire tous les autres où ils en sont à présent, jusqu'au plus disgracié.

Mais c'est ici, pareillement, que je succombe. Admire ma bonne foi. Je vais te dire moi-même où nous sommes en défaut.

Tous les Français de toutes classes ont encore appris à manger décemment. Tu reconnais un Français entre mille à sa propreté à table, à son aisance.

Tant de règles qui leur ont été démontrées, lorsqu'ils étaient petits garçons, et vous, madame, petite fille ! C'était une perpétuelle alerte :

— Tiens-toi droit. Ne t'appuie pas au dossier de la chaise. Ne te penche pas sur ta soupe. Ta cuiller, mon ami, il faut l'élever. Pourquoi te baisses-tu ? Il suffit de t'incliner un peu. Ne souffle pas. N'aspire pas. Quel bruit ! Et qu'est-ce que tu as à attendre comme un sot ? Ta soupe est trop chaude ? Prends au bord de l'assiette. Oh ! je t'en prie, ta cuiller est trop pleine. Elle coule. Et qu'est-ce que tu fais ? Tu bois de côté, au lieu de la mettre dans ta bouche par le petit bout, comme sa forme l'indique ?

Un peu plus tard, lorsque tu avais avancé en âge :

— Que sont devenues tes mains ? Tu veux que le petit chien les lèche ? Et, bon, ton coude sur la table ! Veux-tu des coussins ? Monsieur (ou Mademoiselle), on ne tient pas sa fourchette avec le poing, mais comme ceci, l'index sur la tige, et ni trop près, ni trop loin de la fourche. Et tes légumes ? Voyons, tes légumes ! La fourchette passe de la main gauche à la main droite. Au lieu de piquer, elle ramasse. Tu seras toujours paresseux...

Lorsque l'éducatrice était une marâtre, elle concluait qu'on finirait sur l'échafaud.

Nous finissions tous, au vrai, à tous les étages, par bien faire sans réflexion. Le bel usage de France nous était devenu une seconde nature.

Arrivèrent un jour les barbares.

Ils soufflent sur leur soupe. Ils soulèvent leur assiette quand il leur plaît. Leur cuiller déborde. Ils tirent sur elle avec un bruit de la bouche. La fourchette ne quitte plus leur main gauche, les légumes étant pressés contre elle, au moyen du couteau, en petite pyramide. Et cette fourchette n'est plus maniée uniformément, comme par nous. Non plus leur couteau. Ils tiennent ces ustensiles chacun à sa façon. Le barbare de complexion grossière les empoigne. Le barbare de complexion élégante les manie avec une sorte de dédain incompréhensible, du bout des doigts, comme certains escrimeurs maniérés leur épée.

Tu te moques d'eux peut-être. Cependant, regarde tes propres mains à table, tout à coup, comme j'ai regardé ce matin les miennes.

Hélas ! Nous faisons comme eux, machinalement. Comme ces humains mal instruits étaient les plus opulents, comme ils se pavanaient, comme ils étaient les seigneurs du monde, leur loi balourde a prévalu. L'élève enrichi en a remontré au maître.

Madame, tu as adopté leurs couverts compliqués. (Je te tutoie soudain, je t'aime, tu es ma sœur.) Leur petite pelle, leur couteau individuel pour le poisson, leur cuiller plate pour la glace. Et ce sont des colifichets dont tu n'avais pas besoin, toi qui appris à décortiquer même une écrevisse avec le trident normal et le glaive ordinaire. Je te les passe, puisqu'ils apportent un surcroît de luxe, et que le luxe est beau, qu'il flatte, qu'il attendrit. Mais ta fourchette, diablesse, pourquoi la tenir ainsi, oubliant ta mère ?

Et toi, misérable, ne t'ai-je pas surpris à téter latéralement ta cuiller ? Heureux si tu ne laissais pas durant l'opération ton coude sur la table. Penses-tu gagner ainsi une nonchalance, une hauteur, un front désabusé ?...

En réalité, nous sommes tous entre deux selles, entre deux feux. Retenus par l'éducation, entraînés par le mauvais exemple. Les plus subtils pratiquent les deux méthodes, par une dualité sans fourberie, par une accomodation spontanée. A certaines tables traditionnelles, ils vont manger à l'ancienne. Ils attraperont ailleurs leur couteau entre le pouce et l'index, comme un porte-plume. Par exemple, s'ils ne veulent pas que cette tendre enfant devine leur âge ou se figure qu'ils arrivent de Château-Thierry. Que de lâchetés, Amour !

Nous avions pourtant conduit la politesse de la table à un degré unique de recherche et de naturel.

Nous n'abordions plus aux repas avec ces manteaux et ces chapeaux (à plumes) que l'on gardait jadis pour honorer la nourriture. Nous ne disions plus le *benedicite* ni les grâces. Mais si nous avions cessé de *laver*, comme on disait, c'était par la confiance que nous avions dans la propreté du voisin. Mais nous donnions toujours le bras aux dames, la maîtresse de maison en tête. Nous avions même cessé de les fuir à l'heure du café, non que nous leur fussions plus attachés, puisque notre esclavage n'a point de degrés, étant éternel, mais parce qu'elles se sont mises à fumer. Enfin, nous entourions la table, au moment de nous asseoir, de tous les salamalecs convenables, réduits à leur juste mesure.

Plus de regards que de mots, selon la loi nouvelle que j'ai déjà marquée, et qui est bien fine. Elle suppose que tout le monde comprend, que tout le monde sait. Comme il arrive presque toujours. Je retriomphe.

Au XVIIe siècle, le maître de maison servait beaucoup en personne, découpait les viandes, donnait les meilleurs morceaux. Et c'était par courtoisie, par la grande idée que l'on avait des devoirs d'hôte.

En 1820, un maître de maison servait jusqu'au potage, ayant à sa gauche une pile d'assiettes profondes. Et c'était par bourgeoisie, cordialité.

On a renoncé au grand style du premier comme à la bonhomie du second. L'office donne la soupe, le maître d'hôtel coupe et présente. Il faut « prendre au plat » sans choisir. Le valet de chambre verse à boire. Notre sécurité, au milieu de nos aises, était divine.

Mais voici l'ère des appartements minuscules et de la vie impossible. Là-dedans, tu n'oses plus guère donner le bras, pour trois pas que l'on va faire. Ton personnel tristement décimé, tu t'es remis à manier le couteau, sinon la louche. La servante de M. Bergeret t'admirerait, si fidèle aux vieux usages qu'elle méprisait son maître parce qu'il ne savait pas trancher.

Tu as appris à l'isoler, pour l'offrir, le râble ou le sot-l'y-laisse.

La doctrine des amateurs est que, *de tous les oiseaux qui grattent la terre,* les ailes sont toujours le mets friand. Au contraire, la cuisse est le meilleur *de ceux qui volent.* Par exemple, la perdrix. Quand la volaille est grasse, comme seuls peuvent l'être au monde nos chapons, nos oies, nos canards, tu sais que la part de l'honneur et du goût est la poitrine. Mise en filets pour l'oie, en aiguillettes pour le canard. Dans la pièce de bœuf « tremblante », l'endroit le mieux entrelardé. Dans l'aloyau, le petit côté. Pour la longe de veau, le milieu. Le rognon est déchu, il est familier. Dans le lièvre et le levrault, *les morceaux du chasseur,* c'est-à-dire, avec le râble, les cuisses, les épaules, les côtés de la queue. Et pour les poissons, tout ce que l'on peut nommer filet, la sole en étant le modèle. Mais dans la carpe, la langue.

La dame qualifiée à ta droite, et tout le monde logé à partir de là, tu es donc redevenu pareil, malheureuse victime de la Livre, à un bourgeois Louis-Philippe.

Dans ton apparente familiarité, je maintiens que tu es au moins aussi correct que lui. Tu n'as plus besoin que l'on te recommande d'un peu briser dans ton assiette la coquille des œufs, pour l'empêcher de rouler. Même tu ne manges un œuf à la coque que dans l'intimité. Et tu n'as pas besoin qu'un manuel Roret te dise, comme à lui, que l'on n'attache pas sa serviette à son menton, qu'on ne la glisse pas dans son gilet, qu'on la laisse sur les genoux. Ou que l'on n'a pas le droit de salir, fut-ce d'une buée, les bords d'un verre.

Figure-toi qu'en ce temps-là, il était permis aux dames d'attacher leur serviette à leur poitrine, au moyen d'épingles !

Tu les vois, ces belles ?

Ces deux globes exposés qui les embarrassent à table. Cependant que les hommes regardent avec intérêt le jeu, le souffle du linge damassé, sur la blancheur de l'épaule.

¶ Ne fais pas comme cette dame, si jalouse qu'il lui suffisait d'apprendre que deux de ses amies fussent amies entre elles; jamais plus elle ne les invitait ensemble.

Au contraire, assortis. Un dîner est sinistre où personne ne connaît personne.

¶ Tu rechercheras les produits naturels, ingénus, de bon lieu... Peux-tu penser à ces fabrications que l'on nous vend à l'état de blocs rectilignes élaborés ? Tu cherchais un bon emmenthal, un bon conté. On te donne de la crême de gruyère, en forme de pavé. Tu voulais un rouge chester, et le choisir à point. On te donne sa crême toujours égale, en forme de pavé. Le jambon est en forme de pavé. On le coupe à la roue mécanique. Le beurre, les rillettes, le pâté de foie, toutes les diverses charcuteries : en forme de pavé. Allons-nous voir le saucisson à quatre pans et le boudin en tablettes ?... C'est qu'il faut empaqueter, expédier, stoquer, débiter. Et l'immense nourriture aboutit à des demeures qui sont elles-mêmes mécanisées, cylindrées. Les salles à manger, les chambres, les cuisines, les cabinets de toilette, tout va par piles... Ne perdons pas le nord. Gardons figure humaine.

¶ Servira-t-on le fromage avant ou après l'entremets ? Montagné engage à le servir avant tout le dessert, avant tout plat sucré. Mais je distingue deux cas :

1° Tu as un petit dîner. Ta glace ou ton soufflé, ou ton entremets, par ce temps de vie ruineuse, est le plus clair de ton dessert. — Aucun doute : le fromage précédera.

2° Tu as, malgré tout, un grand dîner. Si tu ne mets pas ton fromage entre la glace et tous ces fruits et ces petits fours, la saveur sucrée de ladite glace annihile toutes les autres saveurs *douces*. L'objection est que le vin rouge du fromage succède mal au vin doux de la glace. Mais pourquoi ? Si le vin de la glace est plutôt chaud que doux, comme il est préférable, si c'est un beau porto; enfin, si tu manges assez de ce Pont-Lévêque pour en avoir le palais bien imprégné, avant que de goûter au Chambertin qui l'accompagne.

¶ Pas de beau dîner sans fromage. Il n'est pas moins nécessaire que « la soupe ».

André Duvernois dit qu'il n'est cuisine que des pays à soupe : France, Italie, Russie. Ailleurs, il n'y a que des spécialités : la viande grillée anglaise.

¶ Rip et Montagné vous mettent l'eau à la bouche lorsqu'ils parlent d'un roquefort pris en pleine vigne, le matin, avec des raisins glacés. Le gruyère et le cachecaval sont aussi très bons avec des raisins, ou bien du café au lait et du jambon.

¶ Préfère un bon bleu tout simple à un roquefort qui est par hasard médiocre, et n'oublie pas que les fromages ont leur saison. Le brie va d'octobre à avril, le camembert de décembre à mars. Ces deux rois, dit Montagné.

¶ Une femme qui n'aime ni ne tolère autour d'elle le fromage, comme il faut s'en défier ! Elle a chance de n'avoir ni cœur ni tripes.

EN BUVANT

Les plus anciens traités de civilité abordaient carrément tous les cas, jusqu'aux plus candides. Soient qu'ils eussent à combattre en effet des mœurs encore rudes — mon hypothèse du chapitre qui précède — soit pour obéir aux lois de la composition, pour épuiser leur sujet sans rien omettre. Ils imaginaient un enfant de la nature, lui serinaient toutes les règles.

Au XIXe siècle, on craignit d'offenser le lecteur. On imagina d'avoir recours à une personne interposée qui faisait tout ce qui n'était pas permis.

Pour plus de sûreté, la leçon lui était donnée par un grand homme mort.

Cette victime a ainsi acquis une sorte de gloire à rebours. C'était l'abbé Cosson. En sortant de table, l'abbé Delille lui disait son fait. Soit une dizaine de propositions dont le plus inculte riait. Par exemple :

— Vous avez soufflé dans votre verre, et vous l'avez essuyé avec votre serviette.

— Vous avez demandé du bordeaux, du champagne, et l'on doit dire du vin de Bordeaux, du vin de Champagne.

— Chaque fois qu'on vous offrait à boire, vous vous avisiez de prendre nos verres et de les faire remplir avant le vôtre. *(Il n'était pas si mal gracieux, l'abbé Cosson).* Et qui vous disait *(fi donc !)* que nous voulions boire, ou du vin plutôt que de l'eau (!), ou de tel vin plutôt que de tel autre ?

En 1830 on ajoutait :

— Avoir l'air de flairer son vin et le boire à petites gorgées, tenant son verre suspendu, est une chose grossière, qui n'est permise qu'à La Rapée.

— Faites jeter par la fenêtre l'homme qui s'aviserait de boire dans le verre d'une dame sous prétexte de deviner ce qu'elle pense.

— Quand on vous sert du café, et s'il est

trop chaud, ne le versez pas dans la soucoupe.

— Quand vous avez assez bu, arrêtez-vous, quelles que soient les instances.

— Ne chantez pas au dessert et n'invitez personne à chanter. Les maîtres seuls de la maison ont le droit d'en prier quelqu'un.

— Il n'y a que les gens les plus grossiers, après avoir porté un *toast*, qui jettent et cassent leur verre pour grimacer l'enthousiasme. Cela sent le dîner de garnison.

Et lui, que sent-il, le texte que je cite ? Sinon la France quarante-huitarde, le Rocher de Cancale, les bouquets coniques entourés d'une dentelle de papier ?

L'anglomanie qui allait saccager tout le vocabulaire de la vie élégante y perce déjà. On a déjà qualifié de *toast* la moindre *santé* familiale.

Tu te rappelles cette manie de certains vieillards de ton enfance. A tout propos, ils tostaient. (J'écris le mot, s'il faut s'en servir, comme faisait Voltaire). Ils se levaient. Sous prétexte d'obtenir un prompt silence, nous menions un bruit d'enfer. Les chers vieux hommes en cravate blanche ne voyaient pas que leurs paroles semblaient vaines à tout le monde. Les gens entre deux âges gardaient tout leur sérieux. Nous n'en étions pas dupes. Nous les sentions complices. Mais soit par une véritable innocence, soit par un extrême effort de leur indulgence et de leur bonté, les éloquents vieillards persévéraient. Et qu'ils avaient raison !

Nous ne buvons plus guère à la santé des gens, sinon par hasard, avec une légère ironie cordiale. Nous ne tostons plus guère. Nous ne faisons plus « brinde », sinon par occasion solennelle, dans un banquet. Les deux regards que tu dois, en ce cas, l'un à la personne qui parle, en levant ton verre quand elle élève le sien, l'autre à la personne honorée, sont le signe muet des paroles que tu aurais dites autrefois. Le cérémonial date de la cour de Louis XIV, des compagnons d'Henri IV, des chevaliers de la Table Ronde, du siège de Troie.

Je sais bon gré aux temps modernes d'avoir su résoudre une difficulté millénaire lorsque les vins courants ont été mis sur la table.

Première commodité : le maître de maison ne s'en occupe que si tu es trop timide à te désaltérer. Ce soin te regarde, sans oublier ta voisine.

Second avantage : le service a perdu l'ancien pouvoir qu'il avait de te faire tirer la langue, en fermant les yeux à tes signaux. Je te rappelle la jolie page où Jean-Jacques Rousseau invité expédie à tous les diables « les laquais qui lui vendent plus cher qu'au cabaret le vin drogué de leur maître ».

Pour les grands vins, tu n'as non plus rien à craindre. Les rites sont désormais trop bien fixés.

Le vin ne nous étonne pas comme si nous étions voués au jus ignoble de l'orge et du houblon. Maître de maison, laisse une bonne fois de côté ces brocs bardés d'argent dont le luxe d'il y a quarante ans alla s'aviser. Le cristal où ce bordelais insigne doit en effet être décanté, qu'il ressemble le plus possible à une carafe, à un flacon. Quant aux bourguignons, leur bouteille venue de bon lieu n'est pas sujet de vergogne mais d'honneur. Puisses-tu être de ceux à qui les monstres mécaniques qui font trembler Paris comme un château de cartes ont laissé une cave.

Nul ne s'étonne, en petit comité, si tu verses toi-même les vins précieux. Tes hôtes auront alors le droit, non pas de les flairer, comme disait l'autre, mais de les humer légèrement.

Avant, non pas de les boire si vite, mais d'en parler, — selon le conseil que donna à un Allemand celui qui devait s'appeler Edouard VII d'Angleterre. Il connut de tout près les êtres et les choses, avant d'être un grand Roi.

Tu peux aussi te donner les gants de l'essai.

Tout le monde connaît l'ancien essai des souverains, qui était fait pour déjouer le poison. Il suffit d'avoir lu.

L'essai de l'hôte est moins connu, ou c'est son nom qui est ignoré. Voilà la bouteille, les deux verres. Tu verses *d'abord* trois gouttes dans le tien, et même tu goûtes. C'était, aux premiers âges du vin, pour montrer à ton hôte que tu n'attentais pas à ses jours. Et ce peut être aujourd'hui pour vérifier la qualité de la bouteille.

Car tu dois t'y connaître. Autrement, tu es un pauvre sire. Si les Français ne connaissaient plus les vins, que le monde serait triste !

¶ Il est exemplaire, à une grande table, de servir les vins comme suit. Avec le potage, un Xérès. Avec le poisson, un bourgogne blanc. Avec les entrées, un bordeaux rouge de Médoc ou de Graves. Avec le rôt, un bordeaux de Saint-Emilion corsé. Avec les pâtés (ou les écrevisses) un bourgogne rouge. Avec les légumes, un bordeaux blanc. Avec la glace, un porto rouge ou blanc (selon le parfum) ou un malvoisie. Avec les desserts et les fruits, un champagne sec.

¶ Parle ainsi le baron Fouquier, dans son livre des Usages. Il donne ensuite, à son gré de très grand connaisseur, les meilleurs crûs de chaque espèce. Pour le Xérès, le Montillado. Pour le bourgogne blanc, un Meursault, un Mont-Rachet. Pour les bordeaux rouges de Médoc ou de Graves : Château-Lafite, Margaux, Brane Cantenac, Haut-Brion. Pour le bordeaux rouge de Saint-Emilion, Château Figeac ou Ausone. Pour le bourgogne rouge, Musigny, Chambertin, La Tâche-Romanée et Conti. Pour le bordeaux blanc, Château-Yquem, Château-Haut-Peyraguet.

¶ Sachant tout cela, tu ne sais encore rien. Il te reste à connaître les meilleures années, c'est-à-dire à étudier non plus seulement les livres, mais les bouteilles. Je dis étudier.

¶ Le fromage de Brie aime le vin blanc. Le Livarot, le Marolle aiment le Chablis. Le Stilton veut du Xérès. Mais à table le fromage commande, en principe, un vin rouge.

¶ Les hommes d'un certain âge affirment que nous ne pouvons plus très bien savoir. La raison qu'ils en donnent nous excuse d'ailleurs. Ils disent que les années souveraines, 65, 75, 78, furent bues entre 1890 et 1905.

¶ Tu n'oublies pas que les vins du Rhône, Châteauneuf, Tavel, Côtes-Rôties, existent, ni qu'ils sont divins. Et tu sais comme Léon Daudet en a parlé, puisque c'est mieux que personne. Un recueil qui paraîtrait un jour : Léon Daudet, *le Vin*...

¶ Le demi-riche que la paix a mieux ruiné que la guerre, qui ne peut plus aspirer aux fastes bordelais et bourguignons, qu'un bel Anjou le console.

¶ L'Alsace a la délicatesse du jeune soleil entre les sapins.

¶ Un madère va bien avec une galantine, un porto avec le jambon. Je dis à table, comme on l'a trop oublié.

¶ Les trois princesses des liqueurs sont, distillées du raisin, la Fine, cette reine du monde, le Marc et l'Armagnac. Un beau Calvados est comparable à une Vénus rustique. La reine des liqueurs composées est la chartreuse, la verte. On n'en méprise aucune, mais il faut connaître la hiérarchie. On devrait réhabiliter le rhum, pour sa pureté, qui est si chaud, si précieux.

¶ Vin ou liqueur, on a aujourd'hui des verres qui ne sont plus des dés à coudre. Car si l'on n'est pas obligé de les remplir, on l'est de respirer un nectar. Renaissance de la gourmandise.

EN VOYAGE

Pourquoi la vitesse du véhicule empêcherait-elle d'être poli ?

Il y a des gens qui établissent— qui pour en gémir, qui pour s'en féliciter — entre la célérité des transports et la brutalité des mœurs, un rapport de cause à effet.

Dans la même tribu, l'on avait prédit que le progrès des sciences assurerait la paix, comme si le progrès des sciences ne pouvait servir à la guerre.

Vitesse à part, le vagon n'est jamais qu'une diligence, une malle-poste à vapeur.

Tu ne l'envahis pas comme un voleur de grand chemin.

Pour y pénétrer, à la suite de tes valises, si tu ne mets pas le chapeau à la main...

Nul n'a jamais su pourquoi nous ne mettions pas d'abord le chapeau à la main pour entrer dans un vagon, mais je vais le dire. Les choses, on les explique par leurs causes. Les usages, par leur origine.

Tu sais que l'on se découvrait dans les carrosses, on se découvrait en entrant, et l'on restait découvert. Le carrosse devenu public, on douta s'il fallait se découvrir encore, de même, en principe, qu'en tout lieu clos où des humains se réunissent, ou s'il fallait rester couvert, parce qu'il est innocent ou dangereux de faire des civilités à des inconnus. La pente étant au *quant à soi*, en dépit de l'altruisme des orateurs, on demeura couvert.

Non sans peine, tu l'imagines, si tu songes combien le peuple français aime à saluer partout.

Il ne se peut pas que tu t'asseyes au hasard. Si tu es seul, tu distingues la meilleure place et tu l'occupes, quand ce ne serait que pour pouvoir la céder ensuite. Pour l'instant, ta bête te mène. Elle a ses goûts, ses manies. Comme elle est assez bien dressée, tu lui lâches les rênes à l'occasion. Tu sais qu'elle ne rue pas, qu'elle ne s'essuie pas le tranchant des semelles sur le rebord des banquettes.

S'il se présente quelqu'un, tu rassembles, comme disent les cavaliers. Tu te contrains vite. Même si tu es un peu indolent, tu sais te vaincre, au besoin te rendre aimable. Tu en seras peut-être récompensé.

Le sens de la marche, les vitres, le tabac, le couloir. Autant d'éléments que tu dois composer avec l'âge et le sexe de tes compagnons de voyage. Le principe n'a pas changé: *le fond.* Les places du fond aux dames, aux princes, au sénat. Ce boudoir ou ce fumoir roulant a un haut bout, d'où l'on préside.

Tu peux d'ailleurs observer que cela ne s'accorde point mal avec ta politique personnelle, qui est juvénile. Le couloir a pour toi des attraits de toutes sortes.

Pourtant, si le vieil homme a une crampe qu'il lui faille souvent dégourdir ? Si la dame a, par hasard, dans le voisinage, toi le sachant, un page qu'elle aime ? Et si, de l'autre côté, ce sont les châteaux de la Loire que l'on découvre ? En réalité, il faut que tu perçoives le passé et l'avenir, les pensées et les disgrâces de tous tes compagnons. A peine si j'exagère. Tu es devin.

Si d'ailleurs je te croyais capable d'écouter même à une porte ouverte, je te cracherais au visage.

Les manuels du temps dénonçaient aux pèlerins des diligences la conversation des commis-voyageurs, cet art qu'ils ont eu, à leur arrivée au monde (relis Balzac), d'entrer en propos mais à l'étourdie. Toi, tu ne te fais pas trop rogue, tu ne te bouches pas comme un mauvais temps. Tu sais lever ou baisser une vitre, et le demander, fermer une porte, tirer un rideau. Au marche-pied, tu rends toujours aux dames les honneurs auxquels elles ont droit. C'est encore la main, bien qu'avec un petit air de distraction. Si la voiture est très haute sur le quai : ta main, ton poing. Tu as un bras solide.

L'aubaine des vieilles diligences, où les gens étaient serrés de telle sorte qu'ils étaient obligés de multiplier les égards, l'aubaine, dis-je, était qu'une belle, fermant ses doux yeux, laissât tomber sa tête sur ton épaule. Tu n'étais pas forcé de la réveiller, si tout le monde dormait aussi. Tu regardais, tu contemplais sa chevelure dérangée, sa bouche entr'ouverte (elle avait son bibi sur les genoux). Les paupières hypocritement baissées, tu contemplais dans un raccourci à l'italienne son beau visage.

Aujourd'hui, tu te carres. Des lits roulent avec toi à travers le monde. Je ne veux pas dire qu'il n'y ait plus d'aubaine. Au contraire.

Le moment venu, tu regagnes à la force du poignet la haute couchette de ton compartiment. Tu ne t'y prends pas à deux fois. Ton élégance est palestrique.

Elle pourrait admirer, dans l'espace étroit, ta gracieuse silhouette qui, d'un seul mouvement, s'élève.

Tu n'as pas oublié qu'elles sont sans pitié. Tu avais emporté ton plus beau pijame.

POUR ÉCRIRE UN MOT

L'amour et l'amitié ont aimé en tous temps la lyre et l'encre. La politesse eut toujours moins d'empire contre la paresse. Epistolier et galérien sont deux métiers qui effrayent, si l'on n'a pas la vocation.

Mais est-il bien vrai que, tout à fait généralement, nous ne voulions plus écrire ? J'ai pourtant connu assez d'hommes qui faisaient des lettres merveilleuses. La postérité le saura. As-tu lu celles que P.-J. Toulet envoyait à Mme Bulteau ou à M. René Philipon ?

Et tout le monde n'est pas Toulet, ni Marcel Boulenger, ni ce marquis de la Tour de Pin La Charce qu'un grand écrivain de ses amis,

Maurras, avait nommé M. de Sévigné. Mais enfin, quelle rage de nous noircir? En dépit du téléphone, nous nous efforçons de bon cœur : nous écrivons beaucoup, en somme. (J'allais dire hélas !)

Avec la charge d'une vie dont le coût n'a pas cessé de croître, il est admirable que le genre humain consente à perdre encore un peu de temps.

Quant au style de nos lettres, il a couru les chances de notre langue. Déchu au temps du naturalisme, il s'est relevé après Anatole France et Jules Lemaitre.

Je vais te donner un bon conseil. Écris. Tu es sûr de faire plaisir. Et n'oublie pas que le mieux est l'ennemi du bien. N'attends pas d'avoir un million de revenus, n'attends pas l'heure du génie. Travaille plutôt à renouveler un genre menacé : celui de la carte postale.

Ne ris pas de la carte postale. Un billet si vif qu'on l'appelle un mot. *Prête-moi ta plume...* Demande sa plume à Montesquieu, par exemple. Rien ne te défend de l'imiter :

A l'abbé, marquis Nicolini.

Permettez, mon cher abbé, que je me rappelle

à votre amitié. Je vous recommande M. de la Condamine. Je ne vous dirai rien sinon qu'il est de mes amis; sa grande célébrité vous dira d'autres choses, et sa présence dira le reste. Mon cher abbé, je vous aimerai jusqu'à la mort.

Il avait un service à demander; il ne se gêne pas; à charge de revanche. Mais un service à demander pour un autre. S'il avait dû parler pour lui, il aurait procédé autrement. Avec une sorte d'humilité, au moins de style, avec plus de courbe pour autant de franchise, avec plus de cérémonie, avec une sorte de gêne, non de la syntaxe mais du cœur. Et tu vois qu'eux aussi écrivaient à la diable, et bâclaient. C'est un charme de plus lorsqu'on a spontanément un tour.

Tu peux aller jusqu'à Montesquieu, jusqu'à Voltaire. Ne va pas jusqu'à Napoléon. N'envoie pas à tes amis des lettres à la Bonaparte, mais signées Cadet-Roussel.

Autre épistolier exemplaire : Montaigne.

Il faisait sa correspondance « en poste », et si vite, si « précipiteusement », qu'aucun secrétaire ne pouvait suivre. Il écrivait de sa main, et très mal. Il dit qu'il a habitué les grands à ses « litures et trassures ». Redresse-toi. Lorsque tu tires ton stylo, en vagon, à l'hôtel, et qu'il galope éperdûment, tu ressembles à Montaigne.

Sais-tu à quel point ? Tu n'as pas pris ta page dans une boîte. Pas le temps. Tu l'as arrachée à un bloc. Il dit aussi que son papier était « sans pliure ni marge ». Tu es même plus soigneux que lui, puisque tu ne te permets des ratures qu'avec un ami, non certes « avec les Grands », comme il osait.

Attention. Je ne te donne pas Montaigne pour un modèle parfait. Il est trop mêlé, tu vas voir comment.

Soit une jolie page, dont on adore *la main* : « J'ai naturellement un style comique et privé, mais c'est d'une forme mienne, inepte aux négociations publiques, comme en toutes façons est mon langage, trop serré, désordonné, coupé, particulier; et ne m'entends pas en lettres cérémonieuses, qui n'ont d'autre substance que d'une belle enfilure de paroles courtoises. Je n'ai ni la faculté ni le goût de ces longues offres d'affection et de service : je n'en crois pas tant, et me déplais d'en dire guère outre ce que j'en crois. C'est bien loin de l'usage présent; car il ne fut jamais si abjecte et servile prostitution de présentations : la Vie, l'Ame, Dévotion, Adoration, Serf, Esclave... »

Plus loin, il revient sur son parler *sec, rond et cru*, et il ajoute : « A bienveigner, à prendre congé, à remercier, à saluer, à présenter mon service, et tels compliments verbeux des lois cérémonieuses de notre civilité, je ne connais personne si sottement stérile de langage que moi. »

Et si la stérilité du langage venait d'une aridité du cœur ?

Montaigne se confesse. Du même coup, il te donne l'idée, l'exemple, le goût du naturel, mais aussitôt il se met à faire l'idiot, le dédaigneux, le philosophe, le contempteur de la vie sociale.

Je n'en crois pas des témoins qui ne s'enferment pas, habillés d'un sac, entre quatre murs nus.

Je les vois même tirer tout le profit personnel possible des relations humaines, et refuser seulement de rendre.

Montaigne commence par l'aveu de ses

défauts. Il finit *par s'en vanter*. Et c'est une affectation presque niaise.

Les formules qu'il dénonce étaient une belle fiction. Nul n'était dupe. On balayait la terre de la plume de son chapeau, mais on gardait une âme assez libre et fière. La politesse et l'honneur vont ensemble, décroissent ou se fortifient ensemble, elles sont fonction l'une de l'autre, pour le dire ambitieusement mais avec rigueur.

Nargue les Diogènes. Tu sauras te mettre au service d'un ami dans la peine, en termes si catégoriques qu'il n'hésite pas une seconde. Et tu diras aux dames par écrit que tu es à leur discrétion, que tu dépends d'un de leurs regards, que tu gis à leurs pieds.

Relève un peu toutes ces terminaisons monotones, peut-être le seul point où nous ayons à convenir d'une vraie décadence. Hein ? La dernière phrase du billet de Montesquieu, tout à l'heure. Elles étaient bien aussi, ces terminaisons du XVIIe siècle, où le sujet et l'objet, les compliments d'usage et les inspirations de l'âme s'entrelaçaient en arabesques ou descendaient jusqu'à la signature comme les étages d'une cascade.

Et cette tendre ironie, cette ironie affectueuse, pour ainsi dire, qui peut venir se placer là ?

¶ Tu méprises les transitions, alibi des cervelles qui ne savent pas réellement composer. « La matière, dit encore Montaigne, se distingue soi-même : elle montre assez où elle se change, où elle conclut, où elle commence, où elle se reprend. » Les paroles « de liaison et de couture » sont introduites pour les oreilles faibles et les esprits nonchalants

¶ Tu n'écris pas *ma belle* à une qui est laide, à moins qu'elle ne soit si piquante, si charmante, si intelligente...

¶ Tu n'oublies pas que le télégraphe existe. Une dépêche à un ami, pour lui dire qu'il a été gentil, qu'on le remercie, qu'on lui demande s'il va bien... Une dépêche sans avarice, bien que gravée. Française et Romaine.

SOUS LE TOIT D'UN AMI

I

DEVOIRS ET PLAISIRS DE L'HÔTE

Les marmottes se réveillent. Les maisons des champs et celles de la mer vont rire, chanter.

Si les variations de la monnaie ne t'ont pas détruit, si tu avais des biens au soleil, si tu as nourri ou vêtu tes contemporains, bref, si tu es bien riche, tu songes à recevoir tes amis.

Il n'y a pas de sujet mieux réglé. Creuse-toi la tête : tu ne trouveras rien qui ne soit déjà chez les Grecs, chez les Égyptiens, sans parler de l'Ancien Testament. Pense que Loth, ayant reçu deux beaux anges travestis en mortels, alla jusqu'à exposer ses deux filles, plutôt que les deux anges, à l'avidité des Israélites.

Aux âges héroïques du monde, lorsqu'il n'y avait point d'auberges, les hommes établis prenaient en pitié l'homme qui errait, par l'un de ces merveilleux retours de l'égoïsme qui ont aidé la charité à naître. Ainsi le voyageur inconnu devenait-il un objet sacré, et l'hospitalité une religion.

Il n'y a pas deux siècles, tu devais abandonner le second lit de ta chambre, chez l'aubergiste, au voyageur imprévu. Que dis-je ? Tu cédais au besoin la moitié de ton lit, et si l'autre était *mauvais coucheur* — car l'expression doit venir de là — s'il divaguait dans le sommeil, s'il ronflait, ou s'il puait, tant pis pour toi. Heureux, si tu n'avais pas à recourir à ton épée, comme une fois Casanova. — Nos hôtels logent les retardataires dans les baignoires, non dans ta chambre. Et chez toi, l'organisation de la planète te permet d'accueillir tes seuls amis. Il te suffit de bien choisir.

Il les faut aimables, qui aient beaucoup d'entrain, autant de bonhomie, qui ne soient pas tranchants, dominateurs, qui ne veuillent pas faire la loi.

Si ton cœur a parlé, si tu as un ami éprouvé, qui mérite les grandes orgues de l'âme, tu le recevras, même et surtout malade, tu l'appelleras, tu le soigneras comme ton frère.

Ce cas écarté, par hypothèse, tu veux abriter sous ton toit des compagnons qui ne déçoivent pas. Je te voulais déjà psychologue; j'ai même dit : sorcier. Je te veux à présent médecin. *(Une fois, deux fois docteur.)* Qu'ils aient bonne denture, bon estomac, bon visage, les quatre membres et le coffre solides. Tu as observé en maquignon. *(Trois fois docteur.)*

Tu es allé les attendre à la gare, avec un homme et tout ce qu'il fallait pour transporter aussitôt les malles. Sur le quai, tu ne les as pas embarrassés, tu n'as pas usurpé, tu n'as pas ajouté ta personne à leurs bagages. Tu étais d'abord assez loin, et souriais. Ton homme leur a prêté main-forte. Un coup d'œil que tu as donné. Tu avais tout prévu, aplani. Les billets n'ont été qu'une formalité. Le chef de gare a copié ton sourire.

Chez toi, tu les as d'abord menés « dans le lieu où tu reçois le monde », cependant que l'on montait les valises et la malle. Pas dans le grand salon, si tu en as plusieurs : dans le billard de préférence, le hall, même la salle à manger. Lorsqu'on est venu te prévenir d'un signe que c'était fait, tu les as conduits sans retard. Voilà leurs chambres. Tu les avais distribuées d'avance avec l'idée de les surprendre un peu, mais agréablement. Tu n'as pas donné un grand lit unique à deux époux divisés, ni deux lits à des tourtereaux qui ne sauraient dormir sinon leurs quatre pattes bien mélangées.

Leur devoir sera la discrétion, le tien est dans la magnificence. Tu t'es assuré en personne des serviettes, des couvertures, des savons. Il y avait là une boîte de thé, une petite lampe, du sucre, de l'eau, un sirop, un alcool à grog; si tu as l'âme grande, peut-être des fruits dans une vasque, au moins des citrons.

Et tu as dit : « Nous déjeunons (ou nous dînons, ou nous goûtons) à telle heure. Je suis du reste en bas à lire, si vous avez besoin de moi. »

Tu n'avais pas oublié qu'ils ne sont point des corps glorieux. A peine avais-tu refermé leur porte, que la fille que tu leur consacres leur est venue dire un petit mot, et leur montrer la salle de bain.

La journée n'était pas finie qu'ils avaient vu toute la maison. Si elle est un peu vaste, tu l'as un peu expliquée. Si elle est un peu ancienne, tu l'as commentée d'un air modeste, les yeux souvent baissés. Tu es gentil.

Ils se sentent libres, chez toi. Les réunions générales sont obligatoires seulement aux repas, aux excursions, et le soir. Le goûter est facultatif : il est servi, nul n'est tenu d'obéir à la cloche. Pour le petit déjeûner, deux écoles. Si ton monde est jeune, simple et dispos, tu le rassembles dès le matin (chocolat, café, thé, œufs et jambon). Vas-tu te priver d'un si riant spectacle ? Les pijames, les peignoirs, les chevelures en coup de vent, les éclatants visages. la fraîcheur des arbres, celle des yeux.

Ce que tu sais le mieux est que tu n'éreinteras personne sous prétexte de montrer le pays. Il ne faut pas non plus qu'on reparte n'ayant rien vu, que ton jardin. Tu as ordonné les promenades en commun, pour un assez long séjour, de telle manière qu'un effort soit toujours suivi d'un repos, et que la découverte et le ravissement aillent *crescendo*.

Psychologue. Médecin. Guide. Tu es aussi metteur en scène, et par dessus le marché, diplomate. *(Cinq fois, six fois docteur*[1]*...)*

La liberté de tes hôtes ne résulte pas de ton indifférence, qui leur serait lourde, mais de ton empressement. Une seule parole inhabile : tu les retiendrais contre leur gré, ou tu les éloignerais un jour trop tôt, gâtant leur plaisir et le tien. Tu as évité l'abus des rassemblements au grand complet, parce qu'ils fatiguent lorsqu'ils se prolongent, mais — avec le plus grand soin — la formation des petits clans, prélude de la guerre intestine.

Le soir venu, tu te surpasses. Tu rivalisais cet après-midi avec Talleyrand. Te voici l'émule de Rivarol. Et non seulement tu parles (il faut toujours parler), mais tu danses, tu joues. Mieux encore : tu fais parler, tu fais danser, tu fais jouer. Tu n'oublies personne.

(La T. S. F. est une belle invention. L'univers joue du violon à tes invités.)

Il faut qu'une douce chaleur envahisse tout. Il faut que devienne perceptible comme un

---

1. As-tu vu l'incomparable Jouvet, dans la *Jalousie du Barbouillé* ? « Sache auparavant que je ne suis pas seulement une fois docteur... »

fluide, cette mystérieuse réciprocité des sentiments, si parfaite que...

II

PLAISIRS ET DEVOIRS DE L'HÔTE

...Si parfaite que le même mot a suffi de tous temps pour désigner les deux hommes, les deux fonctions, les deux devoirs, les deux plaisirs.

Invité, tu es l'hôte de ton hôte. N'est-ce pas admirable ? Qu'y a-t-il de plus éloquent, de plus significatif au monde, qu'une telle ambiguïté du langage ?

Je parle avec emphase. Il le faut de temps en temps pour rendre aux choses leur couleur. Tu as vu le *Sacre du Printemps*. Tu as contemplé, sur la lande, la tribu primitive, grégaire, et déjà cérémonieuse, pleine de rites. Bercé dans ton fauteuil, en regardant la mer ou la forêt, rappelle-toi que la vie civilisée peut être ancienne, elle est à la merci d'un revirement.

Ton premier devoir d'hôte est celui de ton

hôte. Tu es attendu, espéré. Quand tu t'en vas, regretté. Tant tu es aimable.

Aimable, du verbe aimer.

Tu n'as pas intrigué pour te faire nourrir. Tu n'es pas un pou de plage. Mais non plus, on ne t'a pas supplié. Vos pensées étaient pures. Il vous plaît de vivre ensemble. Vous savez qu'ensemble vous valez mieux.

Peut-être que toute notre vie se passe, peut-être que tout cet immense travail de nos sociétés tend uniquement à nous soustraire à la solitude de l'homme des bois, perdu sous les vastes cieux. Dans la maison de ton ami, la vie est bonne. Grâce à toi, elle est meilleure.

Tu sais danser, chasser, conduire, monter. Tu sais les cartes, les coquetels et les livres. Par malheur, les gens seraient trop étonnés si tu proposais de composer des fables, des contes allégoriques, comme Voltaire chez Mme du Chatelet. Ils n'en sont plus capables. Ils ne sont pas capables de parler sur le rythme des vers comme Charles Nodier et Victor Hugo, paraît-il, à l'Arsenal. Les plus simples bouts rimés déconcerteraient. Dans un milieu fin, tu peux proposer, au maximum, de jouer à la liste des Académiciens ou à celle des Neuf Muses. Tu triompheras, grâce à ce livre. Voir plus loin.

S'il y a un trou dans tes connaissances, tu t'ingénies si bien sur les autres points, qu'il n'y paraît pas. Ignorant le bridge ou le majongue, par exemple, tu parleras avec tant d'esprit que tout le monde en oubliera les tables — tu vois, je te révèle mes propres inclinations — les odieuses tables du mutisme, de l'oiseuse patience et de la combinaison stérile.

Tu ne songes pas à introduire sous le toit d'un ami une humeur de Don Juan. Sa femme, sa maîtresse te sont sacrées, vénérables. Si par guigne tu la désires, fuis. Si par malheur, tu l'aimes, souffre et meurs sans parler.

Mais il se peut que tu aies chez lui tes amours. On l'a invitée en même temps que toi par charité, inattention ou ignorance.

Chacun de ces trois cas veut une conduite particulière. Autant de nuances de la même discrétion.

On ne te rencontrera pas sortant de chez elle en robe de chambre, comme la légende assure que l'on a vu Anatole France, ni elle en pijame de chez toi.

Vous serez souples dans les couloirs comme des ombres. Vous imiterez le pas de velours des chats, non pas leurs cris.

Si ton hôte vous a rassemblés exprès, il faut pourtant qu'il sache que tu en es heureux. Un petit regard de temps à autre que tu feras à ta belle, lui présent et lui seul.

S'il a seulement agi en étourneau, tout dépend de son caractère. En principe, tu as le devoir de le rassurer, au moyen du même petit regard que ci-dessus, mais une fois pour toutes. C'est assez.

Ou bien enfin, il n'a jamais rien su. Tu ne vas pas choisir le moment que tu es chez lui pour lui ouvrir ton cœur en confidence. Outre que la confidence de l'amour à l'amitié m'a toujours paru une trahison. A l'amitié de deviner, par sympathie.

Autre conjoncture. Tu es arrivé libre et veuf, mais une dame qui se trouvait en ces lieux... Oh ! bien, tu te caches, tu dissimules. Il ne doit rien deviner qu'après, même s'il avait tout prévu.

Dernière hypothèse. Il y a dans les environs, ou sur place, quelque *contadinotta,* comme on chante dans Mozart, que tu ne peux refuser, la pauvrette aurait trop de peine, ou qui te plaisait trop. Un beau jour, ton ami te frappe sur l'épaule d'un air gaillard. Mais toi, tu sais que tu n'as pas perdu une innocente. Tu as seulement cueilli un beau fruit à prendre.

Je ne te parle que d'amour, comme si c'était mon unique souci. Je pense bien que tu sais te tenir à table. Que le matin, tu ne traînes pas en babouches. Que tu laisses faire ta chambre à temps. Que tu ne mets pas la maison au pillage, ni les domestiques sur les dents. Que tu as de bonnes habitudes, qui ne les déconcertent pas. Que tu ne changes point ton cabinet de toilette en un lac. Que tu n'as aucune sorte de manie. Et que tout ce que l'on t'offre, tu en uses à la fois avec modération et sans chicheté, parce que tu ne doutes pas de ton hôte. Au lieu que, dans tout ce qui regarde l'amour, le plus sage a besoin qu'on le rappelle à la raison. Le plus sage s'oublie...

C'est pourtant ce que tu veux être, un sage selon Pibrac :

Le sage est libre, au milieu de cent gaînes,
Il est seul riche et jamais étranger
Seul assuré au milieu du danger
Et le vrai roi de la fortune humaine...

Si bien que tu as beau savoir tout faire, tu n'as même plus besoin de bouger pour que l'on soit content autour de toi. Pas même de parler. Ta présence ne rompt pas la rêverie. L'amitié se berce auprès de toi.

L'eau profonde du fleuve doublait l'arc du pont. Les oiseaux allaient se taire. Les arbres baignaient dans l'espace. Le ciel attendait la nuit

SUR L'AMITIÉ, L'AMOUR ET DIVERS

Peu d'amitiés vraies dans la trop grande disparité des fortunes.

L'amitié vraie permet que l'on reçoive, sans calcul, un bœuf, et que l'on rende un œuf; mais cet œuf, immanquablement.

Il se trouve quelquefois que le plus pauvre est le plus riche. S'il donne davantage, et mieux.

Celui-là qui a passé tout un mois sous le toit d'un ami et qui donne en partant un petit écu à la femme de chambre, un petit écu à la cuisinière...

On reconnaît un prince au visage des domestiques, à leur attitude. Il obtient plus que le respect formel. Une sympathie, à travers leur impassibilité.

J'ai vu les garçons d'un cercle, sur dix millionnaires, donner la préférence à Toulet et s'empresser, contents d'obtenir un certain merci.

Et j'ai vu Castellane arriver à la gare d'Orsay, en 1918, quand les taxis choisissaient avec arrogance leurs clients. Il n'avait pas fait trois pas dans la cour. Il avait tous les chauffeurs devant lui, la casquette à la main : « Monsieur le Comte... »

L'énormité d'un pourboire n'est presque rien, sans la façon. Excepté d'un innocent poivrot, un pourboire de fou, jeté à l'étourdie, a l'air d'une marque de dédain. L'autre empoche, se frotte les mains, et il est vexé.

La bonne manche est tout à fait bonne doublée d'une bonne intention.

Au restaurant, lorsque tu as calculé dans un éclair ton petit dix pour cent, ajoute quelque chose, arrondis par en haut, et donne. Tu verras.

***

Ce sont toujours les mêmes maisons où la viande est trop dure. C'est qu'il y a des psychologues, dans les boucheries.

Là, on ne sait ni garder un domestique ni élever un enfant. Pas même un petit chien.

Il y faut plus de justice, moins d'emportement, plus de rigueur, moins de lâcheté, plus d'exactitude, moins de manie, plus d'ordre, — que sais-je ?

***

Cet homme qui te paraît si gauche, si pesant, si discourtois par distraction (voilà la nuance) demande-toi si toutes ses pensées ne sont pas fatiguées, exténuées, avilies par une femme qui le fait trop souffrir ou qui l'ennuie trop, qui l'obsède.

La réciproque est vraie. Une femme qui paraît si distraite... Mais elle se laissera plus vite deviner. Tandis que l'homme s'obstine à coudre, sur la douleur qui le mine ou l'accablement qui l'abrutit, les divers masques de la Négligence, de l'Etourderie, de la Paresse. Autant d'ennemis du bien vivre.

Il s'ensuit que le bonheur est plus facilement civil, plus spontanément, que l'infortune. Il a même cette chance.

La plus grande politesse qu'un être féminin puisse faire dans toute sa vie est unique.

Elle a tant de prix par là même qu'elle est unique. Tous les ratiocinateurs libéristes ont beau soutenir le contraire avec fracas, à commencer par le vieux Destutt de Tracy, le maître de Stendhal. Ils le croient aussi, au fond, et comme par force. Je dis les femmes comme les hommes.

Ils invoquent la nature, où l'on ne voit rien de tel. Mais non la nature *humaine*, ni le sourd murmure de leur cœur.

Une innocente est donc bien à plaindre lorsqu'elle rencontre un gorille. Un égoïste qui s'aime bien plus qu'il ne l'aime. Le mal qu'il lui fait a chance de durer autant qu'elle.

Il l'aimait comme on aime le chocolat à la vanille, le pâté de foie gras, les confitures de groseilles.

Quel amour il faut pour que cessent enfin chez elle les élancements de la honte ! Chez lui, ceux d'une jalousie tuante. Un tel amour qu'il ne se trouve pas une fois sur mille.

On a beau lancer contre la jalousie des armées de mots à majuscule. Elle mangerait des géants et des dieux.

Il faut apprendre à vivre avec la jalousie et l'arraisonner, réduire sa part, en ergotant, de telle manière qu'elle se rende peu à peu, si tu n'es pas un taureau aveugle.

Les théoriciens de l'égalité absolue des sexes sont bien curieux à voir, femmes et hommes. Elles ont pour la plupart une amère défaite à venger. Le fiel transparait sous la rhétorique. Tandis que leurs complices masculins, on les voit qui s'efforcent, qui s'exhortent, qui se battent les flancs. Sous-entendu : « Si cela peut vous faire plaisir, chère amie... »

Un congrès féministe ressemble peut-être plus qu'on ne le croirait à une cour d'Amour, mais dans les couloirs.

Ni l'identité de l'espèce, ni les affinités des personnes ne peuvent déterminer l'égalité des sexes, puisqu'elles ne peuvent rien contre la fatale diversité des fonctions.

(*Té, té, té*... ce n'est pas ma faute. Je n'ai pas inventé cette langue platement abstraite, la seule que sachent entendre tous ces congressistes.)

Dans le métro, l'égalité naturelle est quasi parfaite. Il donne aux féministes absolues un avant-goût des effets que leur triomphe produirait. Les femmes seraient foulées aux pieds.

Il suffit d'aimer les femmes, il suffit de leur porter un tendre respect, l'on déteste tout ce dangereux hourvari féministe.

Les mâles sont devenus si pauvres, ils sont si démunis, et la société a été si bien désemparée, que les femmes ont dû travailler hors de la maison. Grande pitié, grand mal. Attention au remède !

J'adore leur fierté, leur indépendance, leur bibi, leurs deux mains dans leurs poches, leurs cheveux courts, en dépit de Schopenhauer, j'adore cette force nouvelle qu'elles ont appelée au secours de leur éternelle et irrésistible faiblesse. C'est à la condition que leur petite tête soit pure de si laides chimères.

Acquérir des drois nouveaux sans renoncer aux anciens. Cette menotte si drue sur le clavier d'une machine, qu'elle veuille toujours être baisée.

Le mal vient de là qu'on a confondu la dignité avec l'égalité. Et le système protecteur auquel les femmes avaient droit, puisqu'elles gagnaient leur vie, avec une prétendue similitude des destinées, que le corps et l'âme refusent à l'envi.

Ce n'est point le vote politique de Mme Curie qui réparerait le vote politique du pochard du coin. Car vous ouvririez le scrutin à la pocharde, à la folle. Nous-mêmes, nous décidons des choses sans connaître le dossier allemand, le dossier anglais, le dossier polonais, dont il est d'ailleurs impossible que le fin mot nous soit prématurément livré. Et aurions-nous le temps ? C'est une autre confusion : celle de la représentation avec la souveraineté. Halte ! J'outrepasse.

***

L'amour de l'homme est d'abord conquête. Et bien qu'il soit en même temps capté, ravi. Le dévouement vient ensuite.

Celui de la femme est *donaison*. Elle ne cherche qu'ensuite à tirer de sa sujétion un pouvoir.

Même si le jeu se complique, même dans un jeu tout renversé : l'homme se persuade qu'il a choisi et conquis, la femme voudra établir qu'elle a cédé.

C'est la courtisane qui prend au lieu de se

donner. Encore est-il bien rare, tandis qu'elle s'empare d'un homme et le dépouille, qu'elle ne veuille pas beaucoup donner à un autre.

Lui à elle, *in petto* : Aime-moi seulement...

LES CÉRÉMONIES

Nous ne sommes pas nés seulement pour nous-mêmes.

PALLADIO.

Tu es né et tu mourras. Le ballet est assez bien réglé. Point de ballet sans chorégraphie.

I

LA NAISSANCE

La société veut savoir quel est ce nouveau danseur.

Toi qui lui as fait cet énigmatique cadeau, toi qui l'as introduit, inscris-le au bureau. C'est à la mairie. Le père et deux témoins, dans les vingt-quatre heures. Le médecin ou la sage-femme peuvent remplacer un père empêché.

L'Eglise aussi a besoin de savoir, elle a besoin de consacrer.

La marraine traditionnelle d'un premier enfant est la mère de sa mère. La marraine traditionnelle d'un second enfant est la mère de son père. Les parrains désignés par l'usage étant le grand-père paternel dans le premier cas, le grand-père maternel dans le second. Chassé-croisé.

Ce n'est pas une tradition que j'approuve. Je ne la crois pas très ancienne. Le parrain et la marraine s'engagent sérieusement à remplacer des parents qui mourraient. Il vaudrait mieux tenir compte du procédé normal de la douce nature, et choisir une marraine jeune.

Le parrain est ensuite élu avec son agrément.

Une veuve, lorsqu'elle accepte d'être la commère d'un homme qui soupire pour elle, fait une promesse de mariage. Telle est la force de ce lien. Avant de choisir une jeune fille et un jeune homme, sache que tu les engages l'un à l'autre, à peu près.

Dans la première voiture, la marraine et le parrain. Dans le seconde voiture, l'enfant tenu par la garde de la mère en couches, et la nourrice. Dans la troisième voiture, le père et les amis.

S'il n'y a que deux voitures, le père est dans la seconde, avec l'enfant.

S'il n'y en a qu'une pour tout le monde, quel que soit le rang du parrain, j'attribue la place d'honneur du fond à l'enfant, sa marraine près de lui, les deux hommes devant.

Et s'il n'y a aucune voiture, on s'en va gentiment en procession, comme des Français qui ne sont pas impolis faute d'argent. Ils ont le cœur plus beau. En ce cas, la place de la marraine est près du petit bout. Même elle le porte dans ses bras, en vraie maman, sous une montagne de laine.

A l'église, l'enfant passe le premier. Le parrain et la marraine suivent avec empressement. Ils ne se donnent point le bras.

Devant les fonts, le parrain se tient à droite de l'enfant, la marraine à gauche.

On a choisi trois noms, les mêmes qu'au bureau civil, bien entendu. La marraine a choisi l'un, le parrain l'autre, et la mère le prénom usuel, le premier. Cette distribution ayant en vue la paix des familles, les parents et les parrains se sont accordés à fond, de manière à contenter les passions jalouses des deux branches.

Le parrain et la marraine répondent naturellement au nom de la petite carpe. C'est leur rôle : « *Que demandez-vous ? — Le Baptême. — Qu'est-ce que nous procure le baptême ? — La Vie Eternelle ?* » Exsufflation. Imposition des mains. Le sel... Les parrains récitent distinctement le *Credo* et le *Pater*. « *Renoncez-vous à Satan ? — J'y renonce. — A ses pompes ? — J'y renonce. — A ses œuvres ? — J'y renonce.* » En 1877, la comtesse de Bassonville recommandait aux gens de ne point répondre : « *Oui, Monsieur.* » Suivent les onctions. Et : « *Croyez-vous en Dieu, le Père Tout Puissant, créateur du ciel et de la terre ? — Je crois. — En son fils unique... Jésus-Christ ? — Je crois. — Voulez-vous être baptisé ? — Je le veux.* » On relève au petit masque son bonnet. Ayant reçu du prêtre un cierge allumé, le parrain et la marraine le tiennent ensemble.

Le père (qui a payé les voitures) donne à la mère, pour qu'elle les distribue, des boîtes de dragées. Les anciens manuels marquaient avec attention ces deux rôles du père et de la mère. Aujourd'hui, le couple tend à opérer de compagnie.

Le cadeau du parrain à la marraine était rituellement fixé : un éventail, des gants, des rubans, et des fleurs artificielles. Le tout dans une boîte, ou dans *un joli meuble.* Ces parrains d'autrefois ! Sais-tu, lorsqu'ils étaient bien riches, qu'ils donnaient aussi à la marraine, jusqu'à douze douzaines — une grosse — de boîtes de dragées ? Un parrain d'aujourd'hui a bonne grâce de penser aux gants. Il sera gentil d'y joindre une belle rose de manteau, dans une boîte. Pour les dragées, il en parle à la marraine avec la liberté d'esprit que la nécessité nous a donnée. Une liste.

Le parrain et la marraine ensemble à la mère : ce qu'ils veulent ou ce qu'ils peuvent, un bijou, une pièce d'argenterie, une boîte à thé. Rien qui puisse casser en tombant.

La marraine à l'enfant : en certains cas, la robe et le bonnet du baptême, dont les rubans sont ou blancs partout, ou bleus pour les garçons, roses pour les filles ; en général, la timbale et le couvert en réduction. Les premiers aliments tirés du sol seront versés dans ce petit corps au moyen des ustensiles donnés par sa mère selon l'esprit. N'est-ce pas bien beau ?

II

LA COMMUNION

Nos printemps pourris finiront-ils par bannir le pantalon candide des pages de la Communion? Ils font ressembler les petites filles aux mouettes secouées par l'orage.

Si j'avais un petit garçon à habiller un tel jour, je lui donnerais un veston bleu très foncé, plutôt que noir, qui est trop triste.

La robe longue jusqu'aux chevilles, et ses cheveux invisibles.

Il n'est pas défendu d'inviter les amis intimes au déjeûner de famille. On y met le héros à droite de sa mère, l'héroïne à droite de son père.

III

LE MARIAGE

On ne marie pas deux sauvages tout nus. Le contrat. La mairie. L'église.

La première déclaration officielle a lieu de préférence à un dîner offert par les parents de la jeune fille. Les deux pigeons sont mis ensemble au milieu. Il vient de donner la première bague, celle des fiançailles.

Si le notaire s'est dérangé, s'il est venu pour la signature, et s'il y a un dîner de contrat, il y sera prié. Le fiancé a signé *le premier*, après avoir reçu dans un regard l'approbation de la fiancée, qui signera la seconde, puis la mère du fiancé, puis les deux pères, puis les autres, selon leur âge.

La corbeille est envoyée, avec des fleurs, le jour du contrat. Il y dépensait jadis une somme égale à cinq pour cent de la dot ; naguère, une somme égale à dix pour cent. A présent, nul ne sait plus. On fait de son mieux. La bourse qui accompagnait les châles, les bijoux, les dentelles, les fourrures, devait contenir de l'or. Hélas ! De l'or tout neuf.

Exposition de ladite corbeille et des autres cadeaux. Tous ceux qui ont signé au contrat doivent un grand cadeau.

En arrivant chez Elle, Il a sur lui l'anneau de mariage.

Un grand bouquet l'a précédé.

Il a, bien entendu, payé les frais de l'acte (avant la publication et les bans).

Dans la première voiture, Elle occupe la droite du fond, sa mère à côté d'elle, son père devant.

Dans la seconde voiture, Il occupe la gauche du fond, sa mère à droite, son père devant.

Dans la troisième voiture, les témoins. S'il y en a quatre, les deux premiers au fond. Dans la quatrième, la parenté. Dans les autres, les amis.

Si l'on ne va pas à l'église le même jour, la première robe n'a pas besoin d'être blanche. Elle est blanche, mais sans le voile, qui est religieux, si l'on a le malheur de ne pas aller à l'église.

Elle passe la première, donnant le bras à son père.

Il vient ensuite, donnant le bras à sa mère.

En trosième lieu, la seconde victime de la journée, la mère de la jeune fille (la première étant son père). Le père du fiancé lui donne le bras.

Les fiancés sourient à tous en passant, sans dévisager personne, ni chercher qui manque.

Les témoins de chaque parti donnent le

bras aux plus proches parentes de l'autre Courtoisie. Courtoisie.

Devant l'autel, Il se met à droite, Elle à gauche.

Chaque famille se range du côté de celui qui lui appartient encore.

Les frères et les sœurs des promis quêtent de droit.

(Je voudrais comprendre pourquoi le vocabulaire profane du mariage — les promis, le futur, la noce, les beaux-parents — a cette teinte d'un léger comique.)

On ne crie pas : oui. On le dit.

Le sacrifice des parents de la jeune fille est consommé. On le leur montre sans retard. C'est le père de l'ennemi qui va mener ta fille à la sacristie. Tu te contentes du bras de la mère de ton gendre. Tandis que ta propre femme accepte (la rage au cœur, tu l'imagines) le bras de l'autre père.

Défilé. Patience. Tu as ta part des compliments. Tu dois sourire, comme le guerrier indien au poteau.

En partant ce sera bien pis. On achève le rapt. Ce n'est même plus le père de l'ennemi qui lui donne le bras, mais l'ennemi en personne. Ces pirates sont heureux. Ils tiennent leur proie. Une voiture les emporte, soit tous les deux, soit tous les quatre. Tu fais un long nez.

L'habit porté le jour est une double absurdité, puisque le seul habit qui nous reste est *un habit de soirée*, et qu'il est *noir*. Un grand marié devrait oser un habit bleu, voire avec un pantalon clair. Son père aurait un habit brun boutonné. Ce que j'aime est, pour lui, une jaquette (fleur et régate) avec un pantalon assez tendre. Pour son père, une redingote grise et un plastron à perle. Un tube miroitant. Je peux dire que j'ai vu deux jolis chefs-d'œuvre. En 1921, Emile Henriot s'est marié en veston bleu et chapeau gris perle. C'était l'été et à Saint-Cloud. En mai 1926, les journaux se sont moqués d'un jeune homme qui était allé à l'autel en jaquette prune et pantalon rose, disaient-ils. Mais c'était ce joli pantalon couleur de pêche ou d'abricot, si cher cet été à tous les jeunes gens.

Les dames du cortège ne doivent pas craindre de s'habiller. Laissant aux jeunes filles un bibi trop exigu, elles seront sages de penser au vrai chapeau dont la forme nouvelle est ici décrite à la page 230.

Le goûter nuptial (je te jure que je ne veux pas parler anglais) remplace, à l'avantage de tous, l'immense dîner. Il n'empêche pas de danser. Que le jazz ne soit pas trop terrible. Les mariés ouvrent le bal.

IV

LA FIN

Un linge blanc sur cette table, les deux cierges, un Christ, un bénitier.

Un rameau de buis : nous sommes en France.

On parle à voix basse dans toute la maison, où tous les timbres ont été étouffés. On frappera tout doucement aux portes.

Tu as habillé le corps avec respect lorsqu'il était encore chaud, qu'il avait encore ses membres souples. Ses pauvres bras. Ses mains. Tu as fermé ses yeux à temps. Je me défie de l'égoïste à masque de sensibilité qui fuit les morts, au lieu de leur rendre les derniers devoirs. Tu as noué la mentonnière qui assure la décence du repos. Et la dénouant, tu as regardé le cher visage. Une telle pitié, une telle piété, un tel amour !

Tu veilles le plus possible en personne, dans la chambre où il ne faut plus que l'heure batte. Et tu te caches pour manger, puisqu'il faut que tu manges, ayant comme tous les hommes une bête à alimenter aussi longtemps qu'elle respire.

La corvée de la mairie. Le médecin des morts. Sous prétexte que tu souffres, tu ne vas pas te désintéresser lâchement du soin des obsèques. Tu te fais tout expliquer.

Voici tes amis que tu ne repousses pas. Un jeune parent les reçoit dans ton salon. Si tu n'as personne pour t'aider, tu viens toi-même. C'étaient les femmes qui s'enfermaient pour pleurer, et le devaient, et le peuvent toujours. C'est même mieux. Mais elles ne se cacheront pas d'une véritable amie.

Le cercueil part. Te rappelles-tu cette page, où Barrès, disant la mort de sa mère, a noté comment il lui semblait que les cloches de Charmes lui parlaient ?

Dans l'ancien cérémonial, une mère ne suivait pas son enfant, une femme ne suivait pas son mari, même un mari ne suivait pas le char funèbre de sa femme. Nos douleurs sont devenues plus courageuses, plus avides dans leur tendresse, je crois, non moins vives.

Nous marchons pas à pas dans la solennité du deuil. Nous n'étalons pas nos larmes, mais nous ne prétendons pas ôter à nos visages la griffe et les sillons du chagrin. Nous n'en sommes pas à imiter cette impassibilité américaine, qui frappe du talon sur les dalles, et emporte les morts en des automobiles guillerettes.

L'église romaine, qui sépare dans le deuil les femmes et les hommes, nous donne à la fois son tragique et sa consolation. Les trompettes du Jugement dernier, et pourtant son invraisemblable pardon.

On n'expédie ni n'exagère emphatiquement le signe en croix de l'aspersion. Quatre temps légers.

Il est incroyable que l'on aperçoive des hommes en souliers fauves, des femmes en manteaux clairs. Tous les chapeaux, toutes les cravates, tous les souliers doivent être noirs. Les gants et les manteaux, au moins foncés. Sinon, c'est le commencement de la désinvolture américaine.

Le bruit de la première pelletée, et ces mains du second défilé, qui veulent t'aider à souffrir. Tu reconnais chacun bravement.

Le deuil des veufs a déjà été réduit à un an, Le deuil des parents à six mois. Celui des cousins à six semaines. Heureux, si l'on ne se contente pas d'un brassard, sur les complets gris que l'on avait. C'est que nous sommes tous pauvres comme Job, à présent.

MEMENTO

I

VISAGE ET MAINTIEN

Les Commandements d'Erasme.

— L'âme a son siège dans le regard.

— Les sourcils doivent être sereins et non pas froncés, ni relevés, ni abaissés.

— Que le front soit riant et uni.

— Il n'est pas convenable de souffler bruyamment par les narines; encore moins de faire entendre un ronflement.

— S'il arrive d'éternuer en présence de quelqu'un, il est honnête de se détourner un peu (et de masquer avec la main).

— Il n'appartient qu'aux sots d'éternuer bruyamment et de recommencer à plaisir pour faire parade de leur vigueur.

— Ne pince pas tes lèvres, comme si tu craignais de respirer l'haleine des autres; ne te tiens pas bouche béante; que tes lèvres soient seulement rapprochées; qu'elles se touchent légèrement.

— Rire de tout est d'un sot; ne rire de rien d'un stupide.

— Rire seul et sans cause, signe ordinaire de sottise ou de folie. Cela peut arriver pourtant. La politesse ordonne en ce cas d'en déclarer le motif. S'il est inavouable, il faut imaginer un prétexte, afin de ne blesser personne.

— Il n'est pas de bon ton de mordre avec ses dents du haut la lèvre inférieure, ni l'autre lèvre avec les dents du bas. Se pourlécher le bord des lèvres du bout de la langue est tout à fait inepte. Avancer les lèvres en cul de poule passait jadis en Allemagne pour une façon agréable.

— S'il reste une miette entre les dents, il ne faut pas l'enlever avec la pointe d'un couteau, ni avec les ongles, ni à l'aide de la serviette. Sers-toi d'un brin de lentisque ou d'une plume.

— Il n'y a pas d'endroit où ne soient les anges.

— La gaîté est nécessaire à table.

— Le verre à boire se place à droite, ainsi que le couteau; le pain à gauche. (Ainsi que la fourchette. Et la cuiller à droite.)

— Mal parler des absents est abominable.

— Entre égaux, il faut se souvenir du mot de saint Paul : « En fait de déférence, prévenez-vous mutuellement. »

— Tourner la tête de côté et d'autre est une preuve de légèreté.

— Il ne sied pas d'agiter les bras, les doigts, les pieds, c'est-à-dire de parler moins avec sa langue qu'avec tout son corps; c'est ce que l'on dit des tourterelles, des hochequeues, et les pies aussi ont cette habitude.

— Ne sois pas curieux des secrets des autres. Il est peu civil de lire du coin de l'œil une lettre qui ne t'est pas adressée. Si, par hasard, on vient à ouvrir un tiroir en ta présence, retire-toi. Il est impoli de regarder trop attentivement, plus impoli de toucher à un objet. Si tu perçois qu'un entretien tourne à la confidence, tu t'éloignes discrètement et ne reviens que si l'on t'appelle.

La Civilité puérile.
Fribourg-en-Brisgau, mars 1530.

En ce temps-là, on avait le droit de bâiller, même de cracher, en se détournant. Nous ne crachons jamais, nous avons appris à « étouffer un bâillement », et nous n'avons plus à essuyer à table un couteau que nous ne salissons pas. C'est-à-dire que nous n'avons pas à périr de honte en lisant Erasme. Mais il est délicieux et toujours utile. A la tradition du moyen âge, il ajoute une fleur d'antiquité, et je ne sais quoi de simple et de bonhomme. Un puits de science, orné de vigne vierge. Tu as pu voir aussi que la fourchette était connue au XVIe siècle.

II

L'EAU ET LES PARFUMS

Une jeunesse éternelle est la récompense de ceux qui se lavent exactement tous les jours.

On se lave aussi l'appareil digestif au moyen d'un verre d'eau pris à jeun et le soir.

On se lave le dedans des muscles au moyen de la gymnastique.

Il en faut un grand quart d'heure tous les jours. Je te recommande, entre tous, le mouvement de celui qui fauche et le mouvement de celui qui sonne. Enfin, ton cœur a besoin que tu coures un peu chaque jour.

On se lave les dents au moyen d'une brosse à dents, le soir autant ou plus que le matin.

On ne lésine pas sur un savon. Mais ce n'est pas une pastille du sérail. C'est un savon. Pour les grandes eaux du bain, le meilleur est encore le savon de Marseille, lorsqu'il est très bon. Cherche. Le savon en jatte, avec un pinceau, est bien aussi. Le premier avantage, dans le bain, d'un savon sans odeur perceptible, est de respecter *l'unité de parfum*.

Pour la même raison, tu veux une eau de Cologne qui soit de l'eau de Cologne.

Depuis le sel des bains jusqu'aux trois gouttes d'essence derrière l'oreille, tu viseras un résultat pertinent, efficace, pourtant discret, mais *un*. Tu n'as pas un savon à la violette, une lotion à la rose, et un extrait à n'importe quoi. Tu as, par exemple, jicky, jicky et jicky. Ou bien jicky et vétivert. Ou bien rose et ambre. L'ambre fixe et embellit presque toutes les essences.

Les parfums minéraux ont produit de grands mystères, que l'on a décorés des noms les plus lyriques, si bien qu'une fleur toute unie est devenue trop simplette et pour ainsi dire godiche.

Belle que tu es, ne vide pas sur toi un flacon, n'invite pas à vingt mètres les passants à l'amour.

Quant aux messieurs, un de leurs meilleurs juges, Pierre de Trévières, a établi qu'ils devaient sentir désormais le bois de teck, le miel, le tabac anglais, le cuir de Russie, non plus les fleurs. Il a même donné, dans un numéro de *Monsieur* — avril 1923 — la formule de ces mâles parfums, grâce au diméthylhydroquinone.

Ce n'est point sorcier : diméthyl-hydroquinone.

III

LA BIBLIOTHÈQUE

Sans compter les Écritures, Homère, Virgile, les autres grands Grecs, les autres grands Latins, sans compter Villon et Ronsard, les classiques français, notamment les moralistes, les grands lyriques de 1830, et Balzac, et Stendhal, les principaux naturalistes, les principaux symbolistes, Moréas, les grands Italiens (Dante), les grands Espagnols (Don Quichotte, P.-J. Toulet), les grands Allemands (Goethe et Schiller), les grands Russes (Tolstoï, Dostoievski),

sans compter, dis-je, toutes ces hautes colonnes des Lettres et de la Poésie, et Saint-Simon et Sainte-Beuve,

tu as, dans ta bibliothèque, les trésors suivants, que tu connais, que tu consultes, dont tu te régales, qui savent ton chevet.

Ali-Bab. — *La Gastronomie pratique.* C'est la Bible des nourritures.

Maurice des Ombiaux. — *Le Gotha des vins de France.* — *L'Esthétique de la table.* — *Éloge du tabac.* — *Les Fromages.*

Pampille. — *Les bons plats de France.*

Bertrand Guégan — *La fleur de la cuisine française.* (C'est l'anthologie, comme son nom l'indique, de la cuisine à travers les âges.)

Édouard de Pomiane — *Bien manger pour bien vivre.*

Robert-Robert. — *Le Guide du Gourmand à Paris.*

Cousin. — *Voyages gastronomiques au pays de France.*

Jean-Louis Vaudoyer. — *Eloge de la gourmandise.*

Comte de Comminges. — *Les races de chevaux de selle en France.*

De Vaux. — *Les hommes de cheval depuis Baucher.*

Collard. — *L'histoire du cheval.*

Montigny. — *Comment il faut choisir un cheval.*

Comte d'Aure. — *Traité d'équitation.*

Marcel Boulenger. — *La Croix de Malte.* — *Les Veneurs.*

Maurice de Noisay. — *Voilà les Courses.*

Tristan Bernard. — *Tableau de la boxe.*

Valmy Baysse. — *Tableau des Grands magasins.*

Jacques de Trévières. — *Le Tennis.* — *L'Aviron.*

Balzac. — *Physiologie de la Vie élégante.* — *Théorie de la Démarche.* (Deux primitifs.)

Barbey d'Aurevilly. — *Brummel.*

BAUDELAIRE. — *Le peintre de la vie moderne.* (C'est l'étude sur Constantin Guys, avec le merveilleux portrait du dandy. — La loi et les prophètes.)

MARCEL BOULENGER. — *Introduction à la vie comme il faut.*

JACQUES BOULENGER. — *Monsieur.*

PIBRAC. — Les fameux *Quatrains.*

ANDRÉ VÉRA. — *Les Jardins.* (Théorie illustrée d'un nouveau jardin français.)

PAUL VÉRA. — *Modernité.* (Théorie de l'habitation moderne.)

+ le *Bottin mondain*, l'*Annuaire des Téléphones*, celui des Châteaux, celui du Golf, et une *Clef des Songes* (de grande ressource cette dernière avec les personnes dont la conversation est désertique).

IV

POUR FUMER

Lorsqu'il prophétisait la décadence de la cigarette, Théodore de Banville s'est trompé à fond. La cigarette a fabuleusement étendu son empire.

J'opte pour la blonde. Il me semble qu'elle est plus jolie, qu'elle laisse, dans les maisons, une odeur moins désagréable. Le tabac est d'ailleurs comme l'espèce humaine. Il y a beaucoup de brunes et beaucoup de blondes.

Mais le cigare est le Tabac incarné. Qu'est-ce, après un bon repas, qu'une tasse de café sans cigare ? Tu as l'air d'un ladre.

La belle robe du cigare est une feuille de tabac pure et sans tache. D'un cigare à l'autre, un monde. Un grand cigare est pareil à l'une de ces belles que le créateur a mises sur terre pour aller seules, pour éblouir.

Il faut savoir les distinguer. Dans les cigares aussi, l'apparence peut abuser. Un bon cigare a sa robe bien lisse, bien unie. On dit indifféremment sa *robe* ou sa *cape*. L'axe est nommé sa *tripe*. Les feuilles intermédiaires, la *sous-cape*. Point de nœud, point de fissure. Pressé entre les doigts, il n'a aucune dureté, il offre partout une légère résistance bien égale. Si tu penses qu'il doit craquer, tu n'y connais rien. Un cigare qui craque est trop sec; il est vieux. Pour être bon, il doit paraître onctueux. Non pas humide, onctueux. Il n'est ni sec, ni mouillé, il est *frais*, c'est le terme. Les bureaux ne savent pas l'âge des cigares qu'ils vendent. Or, un cigare doit avoir au moins trois mois, un an au plus. Adresse-toi aux importateurs privés. Ce n'est pas la contrebande que je t'enseigne. Ils sont en règle avec le fisc. La cendre n'a pas besoin d'être d'un blanc de neige. Les marbrures de la robe sont encore une autre chimère. La seule épreuve décisive est celle que je viens de dire, celle du toucher. Quant à la couleur, il en ira selon ton goût. *Claro* et *oscuro,* on en raisonnerait jusqu'à la trompette finale, comme des brunes et des blondes. Pour moi, je les aime tantôt comme ceci, tantôt comme cela. Je parle toujours des cigares, ne sois pas indiscret.

Tes cigares sont des havanes en principe, si tu le peux, si les tarifs prohibitifs ne t'ont pas mis en déroute. Cependant, il y a de très bons mexicains, de très bons brésiliens, d'excellents manilles. Beautés rustiques, nymphes champêtres.

Franc et complexe, spirituel et nostalgique, un grand cigare a une foule de charmes. Il a la saveur d'une terre étrange. Il vient des Iles, des savanes. Et il a son alchimie : ce dédale, ce labyrinthe d'aromes qui va des parfums de la forêt à la chevelure des femmes.

Leur dernier sortilège résulte de leur élégance, de ta nonchalance, de ton clin d'œil, homme parfait : de ton œil ni glorieux ni ébahi, à mi-chemin entre le plaisir et l'habitude, entre le plaisir et la connaissance.

On ne tête pas des cigares toute la journée, On en savoure un quelquefois.

Malgré la statistique, je ne puis croire que le cigare soit méprisé. Il est seulement interdit. Les tableaux de consommation trahissent plutôt le néant de nos portefeuilles. Ah ! quel dommage. Vieille Europe, il faut rentrer dans l'ordre, et te payer des cigares !

V

GRANDS JOURS ET PETITS SOINS

Décorations. — L'imperceptible ruban d'une décoration est rigoureusement perpendiculaire au bord du revers.

Cercles. — Un cercle est précieux. Il l'est trois ou quatre fois. Parce qu'il classe. Parce qu'il est agréable et commode. Parce qu'il fournit au solitaire une compagnie. Enfin, par l'alibi qu'il peut donner vers six heures du soir à tous les messieurs. Car tu peux toujours surprendre à son thé celle qui te rend jaloux, au lieu que les portes de ton cercle lui seront fermées comme à toi-même le sérail du Grand Turc (lorsqu'il y avait un Grand Turc).

Cartes. — Origine de la carte de visite à porter dans les huit jours qui suivent un dîner : tu attestes par là qu'il ne t'a pas empoisonné, que tu n'es pas mort, que tu remercies. Nous sommes, par malheur, si bousculés, si affairés, que cette charmante coutume est en péril.

Les Courses. — A Chantilly : le 1er dimanche de juin, le Prix de Diane ; le 2e de juin, le Prix du Jockey Club (Derby français). — A Auteuil : le 3e dimanche de juin, le Grand Steeple ; le mercredi suivant, la Grande Course des Haies ; le vendredi suivant, les Drags. — A Longchamp : le dernier dimanche de juin, le Grand Prix. — A Saint-Cloud : le 1er dimanche de juillet, le Prix du Président. — A Longchamp : le 1er dimanche d'octobre, le Prix de l'Arc de Triomphe ; le troisième, le Prix du Conseil municipal. — La saison s'ouvre par les

Poules d'essai, mâles et femelles. La semaine de Deauville est en août.

Avec une mélancolie poignante, Maurice de Noisay, le poète des courses, a noté qu'en 1925, pour la première fois, les Drags avaient eu lieu sans un drag. On revit les beaux coches brillants en 1926, mais si l'on n'y prend garde, ils vont tristement disparaître.

Auto. — Tu peux voir du même coup la Targa Florio et la Sicile.

Le Golf. — Terrains permanents : Amiens, Auberjenville, Biarritz, Bordeaux, Boulogne-sur-Mer, Chantilly, Compiègne, Coutainville, Dieppe, Dinard, Etretat, Fontainebleau, Fourqueux, Granville, Hendaye, Lyon, Monte-Carlo, Nantes, Ormesson, La Boulie (Paris-Versailles), Pau, Rouen, Royan, Saint-Cloud (Garches), Saint-Germain-en-Laye, Le Sart (à Fleurs-Brencq), Le Touquet, Tours, Vichy.

Lettres de faire-part. — Evite un excès de pompe, mais aussi bien un style bureaucratique. Il est dangereux d'inviter « à la bénédiction nuptiale », car les gens qui arriveront à la fin de la messe t'auront pris au mot. Ils savent que la bénédiction est à la fin. Invite au mariage.

Danses. — Ne serre donc pas contre ta joue la sienne. Que ta main ne dévore pas ses flancs, ses hanches. Vous ne faites pas l'amour, vous dansez. Tu peux bien aussi faire trois pas et la reconduire. L'antique révérence, remplace-la du moins par un regard exprès.

Goûters. — On y prie des gens, et ils y viennent, qui ne goûtaient pas en 1914. Ils déjeunaient, ils dînaient. Comme la livre n'est point au pair, comme tu as supprimé par force bien des repas, tu les pries à cinq heures. C'est pour la même raison de la livre et du dollar, qu'ils arrivent à six heures, à sept heures, affairés. La grande histoire retentit sur la petite.

Les Quarante. — MM. Picard, Jean Richepin, Clemenceau, Louis Bertrand, Robert de Flers, Georges de Porto-Riche, Henri Bergson, Mgr Baudrillart, Marcel Prévost, Camille Jullian, Georges Goyau, Francis de Curel, Albert Besnard, maréchal Lyautey, Henri Lavedan, Henri-Robert, Georges Lecomte, maréchal Foch, Ch. Jonnart, Henri Bordeaux, Chevrillon, Eugène Brieux, Edouard Estaunié,

Maurice Donnay, René Doumic, duc de la Force, Louis Barthou, Gabriel Hanotaux, René Bazin, Joseph Bédier, Pierre de Nolhac, Paul Bourget, Raymond Poincaré, maréchal Joffre, abbé Bremond, Pierre de la Gorce, Paul Valéry, Henri de Régnier, Jules Cambon ..

En considérant la qualité dominante : Quinze littérateurs (poésie et prose), quatre auteurs dramatiques, cinq historiens, trois maréchaux de France, un ecclésiastique, six politiques, un philosophe, un mathématicien, un peintre, un avocat, — et M. Jonnart.

Les Dix. — Jean Ajalbert, Léon Daudet, Lucien Descaves, Gaston Chérau, Léon Hennique, Pol Neveux, Raoul Ponchon, Rosny aîné, Rosny jeune...

Les IX Muses. — Clio, Calliope, Melpomène, Thalie, Euterpe, Erato, Terpsichore, Polymnie, Uranie, — l'Histoire, l'Éloquence et la Poésie héroïque, la Tragédie, la Comédie, la Musique, la Poésie amoureuse, la Danse, la Poésie lyrique, l'Astronomie. Et les arts plastiques n'en ont pas, ni la peinture, ni la sculpture, ni l'architecture. Pourquoi ?

COQUETELS ET ORANGEADES

Contre les boissons américaines, il règne une foule de préjugés mesquins. La vérité est que la plupart sont exquises. La bouche est le seul juge en pareil cas.

Quelquefois ce sont d'anciens siffleurs d'absinthe, retranchés dans leurs cafés, qui dénoncent avec scandale nos étincelants mélanges, jusqu'au plus candide des *Roses*, et nos bars si amènes, avec leur banc d'acajou, leur barre de cuivre, leurs tonneaux vernis.

Les coquetels proprement dits sont essentiellement de savants dosages de liqueurs mêlées.

Les deux types sont le *Gin coquetel* — deux cuillers à café de sucre, deux de curaçao, six gouttes d'angostura, un verre à madère de gin — et le *Manhatan* — même sirop de sucre, même angostura, un tiers de verre à madère de whisky, un tiers de verre d'un bon vermouth. — Le *Martini* est un *Manhatan* ou le whisky est remplacé par le gin.

Remarque. — Un *Martini* s'appelait à l'origine un *Martinez.* Le nom de *Martini* vient d'une confusion.

Les liqueurs sont remuées dans un gobelet à demi plein de glace en morceaux. Le résultat est servi dans un verre dit à coquetel, parfois dans un verre à bordeaux mousseline. (Disent-ils *mousselaïne* ?) Petites pailles.

Le *Champagne coquetel* est à part : une cuiller à café de sirop de sucre, deux cuillers à café de curaçao rouge, six gouttes d'angostura, un tiers seulement de glace dans le gobelet. On remplit avec du vin de champagne. Grands verres. Zeste de citron. Grandes pailles.

Le *Soda coquetel* est une mauvaise plaisanterie, comme son nom l'indique, un attrape-nigauds. De l'eau gazeuse et sucrée. (Quand l'eau toute pure est si bonne !) Je range le

Derby-coquetel dans l'autre série, dans la série des *Cobblers.*

Il contient, en effet, quatre belles fraises (fine champagne, marasquin, sirop d'ananas, angostura) et c'est une addition de fruits qui signale spécifiquement les *cobblers.* Grands verres. Grandes pailles.

Le type en est le *Sherry cobbler* : une cuiller à bouche de sucre en poudre, un verre à liqueur de cognac, un de curaçao, deux verres à madère de xérès pâle. Secouez avec la glace dans une double timbale. En principe, et au moins, deux tranches d'orange dans le verre. Si possible, les fruits de la saison.

Les deux *Coolers* sont modestes. Ginger ale ou cidre, avec le jus d'un petit citron et du sucre. Muscade rapée. Quelquefois un œuf.

Les *Crustas* sont caractérisés par l'écorce d'un beau citron, enlevé d'un seul tenant, et qui garnit l'intérieur d'un verre à bordeaux. Sainte-Croix crusta : deux cuillers à café de sirop de grenadine, deux gouttes d'angostura, quatre gouttes de marasquin, un verre de rhum. Ornez de fruits, servez.

Le rhum est poétique comme les anciennes colonies françaises, l'impératrice Joséphine, la marine à voiles et les Frères de la Côte.

Les *Daisies* sont définis par une addition d'eau de seltz, au cognac, au gin, au rhum, au whisky de base. Le jus d'un demi-citron, deux cuillers à café de sirop de sucre, une cuiller de cordial d'orange, un verre de la liqueur, et la flotte gazeuse précitée pour finir.

Les *Egg Noggs* sont constitués par une intervention de lait et d'œufs. Le roi de cette tribu est le *Baltimore* : un jaune d'œuf, une cuiller à café de sucre, muscade râpée, cannelle, et battre cela, fouettez, quatre morceaux de glace, un verre de cognac, demi-verre de rhum, un verre de madère. Puis le lait, et agitez. Grandes pailles.

Il ne faut pas confondre les *Fixes* avec les *Fizzes*. Les premiers tirent leur velours du sirop d'ananas, les seconds sont plus rèches. — Type de *Fixe* : le *Gin fix* : demi-cuiller à bouche de sucre en poudre, un verre à liqueur de sirop d'ananas, un petit verre à bordeaux du délicieux genièvre de Hollande. Eau de Seltz. Battez. On peut orner de fruits. Grandes pailles. Le cognac (qu'ils nomment brandy), le rhum, le whisky, peuvent remplacer le genièvre. — Type des *Fizzes* : le *Gin fizze :* demi-cuiller à café de sucre, jus de citron, gin anglais, eau de Vichy. On boit vite.

Les *Flips* sont établis par l'incorporation d'un œuf *battu*, avec une demi-cuiller à bouche de sucre, dans un verre à madère de cognac, de whisky, de xérès, de porto (brandy-, whisky-, porto-, sherry-flip). On sert dans un verre à bordeaux mousseline.

Les *Juleps* plaisent à la bouche et aux yeux par leur menthe. Quelques branches de menthe fraîche pressées dans un verre à madère de cognac, ou de gin, ou de whisky. Le gobelet de la préparation est *plein* de glace pilée. Les branches vertes décoreront le verre, avec des fruits de saison, si l'on veut. Deux grandes pailles en travers. Pour le *Champagne-julep*, on remplit le gobelet de champagne frappé : deux tranches d'orange, six grains de raisin.

Les *Sours* sont des *Daisies* sans cordial d'orange. Les *Slings* ajoutent de l'eau fraîche ou bouillante à l'une des trois liqueurs, cognac, gin, whisky : un peu de muscade, un zeste de citron. Les *Smashes* sont des *Slings*, assaisonnés de menthe. Mais lorsqu'on arrive aux *Sangarees*, diable ! Un porter, un stout, un porto ? Sucre et muscade... Nul ne sait plus. On a perdu son latin.

Les *Roses* enfin, qui ont une telle vogue. Ils sont moins innocents que leur nom, puisqu'ils contiennent de la liqueur de cerise, il est vrai, ou du sirop de groseille, mais du gin et du vermouth.

Pour fixer le sucre aux bords d'un verre à coquetel, toucher ses bords avec un peu de citron.

Il est sûr que les citronnades et les orangeades ont avantage à passer par la machine à fouetter les liquides. Le sucre doit être fondu dans l'eau avant l'addition des jus.

Le secret d'une bonne orangeade est de contenir aussi du jus de citron. Un citron pour cinq oranges.

Rien n'est plus agréable à un déjeuner de printemps ou d'été que ce qu'ils appellent des *Cups*.

Exemple de *Cup* (ou de Coupe, ma foi) : douze morceaux de sucre dissous dans une bouteille d'eau, un citron et la moitié d'un ananas en tranches, deux verres à bordeaux de marasquin. Mélangez dans un bol à moitié plein de glace pilée. Ajoutez quatre bouteilles d'un bon bordeaux rouge, une bouteille de champagne, et mélangez. Une demi-livre de cerises. Quelques bananes en rondelles.

Tout un beau parc français dans la fenêtre ouverte. Je connais enfin la recette de l'ambroisie, et c'était évidemment à la table d'une déesse, à goûter, au mois d'août : une orangeade au vin d'Anjou.

JEUX ET PLEIN AIR

Au petit neveu, sportsman, de l'abbé Cosson, et à sa partenaire.

Il faut régler sa nourriture, son alcool, Vénus. Ce que les sages de la Grèce avaient tant de peine à obtenir de leurs adeptes, les sports l'imposent avec leur passion.

Un jeune soleil se berce, et les oiseaux chantent, mon mur est rose.

TENNIS

N'est-ce pas ? Tu ne te contentes pas d'avoir un faux-col à enlever. Tu as une certaine chemise.

Le filet exige que tout soit blanc (ou crème) : ton soulier, ton pantalon, ta chemise; ses souliers, sa jupe, sa blouse. Puisqu'elle peut distraire et braver, toute couleur est discourtoise comme une provocation.

Ses bas blancs sont en fil ou en laine, la soie jurant par définition avec ces bonds, avec ces cris. On a tort par conséquent de permettre que ta chemise soit en soie. Elle est, en tous cas, retroussée jusqu'au-dessus de ton coude, ou même tu as des manches courtes, comme au polo.

Que l'ouverture de ton col n'aille pas révéler un ours.

Jouer, courir, sauter... On a laissé ses bagues.

Elle a laissé la visière aux championnes, s'est contentée d'un mouchoir de front. Toi, en plein air, tu es volontiers nu-tête. Si le Sahara de l'été est trop fort, crois-moi, un beau panama *vrai*.

Ton pantalon a la jambe assez large, assez courte. Semelle de caoutchouc.

Si tu n'étais pas prêt, du calme ! Ferme ta bouche, laisse tomber la balle.

Seul contre une femme seule, du sérieux au jeu. Si elle allait penser que tu la ménages ? Sans compter qu'elle peut être plus forte que toi. Elles sont ainsi, à présent. Et tu es gai (toujours), et tu lui cèdes, mais sans qu'elle l'aperçoive.

En double, choisir un partenaire dont tu saches lire toutes les pensées dans ses yeux.

N'oublie pas que les coups doivent « venir de loin », ni d'allonger ton pouce dans les coups de revers, comme l'index dans les coups droits. Tout est là, presque tout.

Un jeu sempiternellement coupé décèle un cœur oblique.

Noble tennis qui attribue, à quatre, les deux places du fond aux deux dames.

A la fin, vous endossez tous les deux, sur votre fumante personne, une couleur bien vive, qui réjouisse nos yeux.

Pour étudier le jeu d'un autre, mets-toi derrière la ligne du fond.

On a fini par dire, en français : prêt, jeu, faute, coup droit, revers, et même partie... La Fédération, qui a fixé les règles, a eu le tort d'adopter lob, quand elle avait *chandelle*, smasch, quand elle avait *balle écrasée.*

Je propose pour *walkover*, « un tour ».

Le plus comique est que la plupart de ces

mots anglais que l'on prononce si fièrement, sont d'anciens mots français, comme *partner*, comme *tennis* lui-même, qui serait si vite rendu à son pays originel : le *Tenez.*

Car le tennis est notre longue paume.

⁂

Savoir pourquoi tout le monde triche, au croquet ?

Croque et roque loyalement, ou laisse ce brandon de discorde.

LES BAINS

Tu ne vas pas, dans une crique, faire le champion — une, deux — chaque bras hors de l'eau à son tour, avec le battement d'une machine. Pour agir ainsi, pique au large, comme un vrai brave.

Et toi, innocente, tu ne vas pas nager à plat, tes deux bras ouverts en cadence, le menton posé sur l'eau, la figure giflée par chaque vague.

Des gens qui se baignent nagent sur le côté, et s'ébattent.

Il faut nager assez bien pour prendre une chaise, et s'asseoir là, dans l'onde.

Le vaste pantalon jusqu'aux chevilles, la vaste lévite, gonflée comme un gros phoque... Si laid que fût ce costume, le même en 1880 que sous Louis-Philippe, as-tu pu supporter l'impudence du maillot qui le remplaça ? As-tu pu voir ta femme, ta fille, ta sœur ou ton amie — comme disaient les poètes du Moyen Age — descendre dans l'eau, comme nue ?

Elle a, aujourd'hui, un petit pantalon de jersey, une tunique de taffetas juste au-dessus du genou. Très bien. Ève n'est jamais prudente de rivaliser avec Vénus, — au lieu que la chaste Diane est un modèle également sans défaut, et du moins sans reproche.

Tu laisses aux saltimbanques un maillot rayé. J'aime le tien, couleur de raisin noir.

Il suffit qu'il soit ouvert à laisser tes bras tout à fait libres. A peine plus large sur l'épaule qu'une bretelle. Mais tu n'as pas besoin d'aller jusqu'au caleçon (comme on l'essaye) car de deux choses l'une : ou tu es laid, et tu affliges, ou tu es beau, et tu troubles les déesses, tu es ce qu'on appelle indécent.

Pour la même raison, tu ne changeras pas le sable de la plage en alcôve, si friand que tu sois des rayons du soleil.

Elles ont leur chef recouvert d'une belle couleur franche, qu'elles ont choisie en pendant à la couleur de leurs yeux, et qui brille aussi contre leur pied. Tu peux avoir la même dans l'empeigne de tes caoutchoucs, bien que dans le ton majeur, bien entendu : bleu marine, non pas bleu lavande.

La forme de leur bonnet est romaine ou grecque. Quelques-unes serrent leur crâne dans un bas de soie. Explique ce miracle : elles ne paraissent pas les moins antiques, les moins divines.

Si tu es capable d'exploits marins, tu peux aussi te ceindre la tête : le bonnet de gomme peut avoir jusqu'aux garde-oreilles que l'on voit à certaines images de légionnaires. Mais ne te mêle de rien, efface-toi, si tu n'as pas au moins la beauté de la force.

Les fiançailles conclues après les épreuves du bain sont rassurantes.

(Aux mêmes fins, on peut remplacer la plage par le ballon au panier du Racing.)

Dans l'eau, les semelles de corde deviennent de plomb.

Fraîcheur, légèreté, bonheur de l'être...

AU GOLF

Richomme, mon ami, ces gants que tu vois, bigarrés, sens dessus dessous, le bouton sur le poignet, et la paume lisse, ce sont des gants de golf.

Là, tu serais joli, avec une culotte oblique !

La régate à ton col, la régate seulement, mais il en faut une.

Si tu n'es pas un champion, n'exagère pas les pointes et les protubérances de la semelle. Sur le crêpe de caoutchouc, tu marcheras comme en rêve.

Un mouchoir de cou, pour toi. Un mouchoir de hanche pour elle. Deux mouchoirs bariolés. Soit. Sans ostentation.

Ne fais pas tourner en bourrique ton petit valet. Reste aussi calme que lui.

Arpenter les champs pour le plaisir. La voûte du ciel est sur toi, sur ton compas, sur tes yeux. Ou la mer. Ou les branches de la forêt.

Tu chemines à travers la splendeur du monde.

Point trop de rêverie pourtant, puisque tu as ton compte de points à présenter à tout appel. Ce ciel gris pommelé là-bas...

Il est mesquin de refuser à ton adversaire un avis désintéressé, s'il est bien d'humeur à le recevoir.

Le vent joue. S'il déplace à ton détriment ta balle au repos, tu n'as rien à dire, tu attends ton tour.

Tu te déshonores si, cherchant ta balle dans les hautes herbes ou le sable, tu en profitais pour dégager et aplanir ton coup. L'école de la loyauté.

Et celle de la civilité. Tout ce protocole autour des trous !

L'école même de la vie : ces hasards, ces obstacles. Jusqu'à la terre qui peut alourdir ta balle, et que tu dois subir en silence. Jusqu'au mauvais temps, qui ne saurait t'arrêter. (Donc un bon manteau de pluie en cuir, bien qu'assez court.)

Pour poser ta balle sur un tertre (*tee*), tu dois attendre que l'autre ait joué. Tu te contentes de choisir ta motte d'un regard. Jeu merveilleux ! On doit combler les trous que l'on a pu faire dans le terrain, l'on doit remettre les touffes de gazon par mégarde arrachées.

Camp, avis, terrain, départ, parcours, hasards, flaque d'eau, pelouse d'arrivée, trou, obstacles mobiles, coup, pénalité, honneur, préparation, balle en jeu, bougée, perdue... Le jeu est ouvert à présent à qui prononçait mal l'anglais.

Link n'a pas d'excuse puisqu'il y a *terrain*.

Il serait gentil d'appeler le *cady*, un cadet.

Et ce diable d'*handicap* que l'on retrouve là, comme au tennis, comme partout !

Tu ne cherches pas noise à ton vainqueur. Tu ne le hais point. Tu lui souris, comme aux cartes. Mais c'est un peu plus difficile. Aux cartes, la perte d'argent aide.

L'AVIRON

On rame avec ses bras moins qu'avec son dos (et son ventre), de même que l'on tient à cheval davantage par les reins que par les genoux.

La même culotte, en trapèze, et le même maillot qu'au ballon; mais obligatoirement clair, le maillot.

L'École de la discipline. Le mouvement d'un distrait (à bord d'un cigare), tout le monde est à l'eau.

Cela n'est rien. Quelqu'un qui est nonchalant, dont l'attaque est molle, quelqu'un qui est trop brusque, qui sort avec brutalité, et l'embarcation est retardée d'une manière incompréhensible, jusqu'à ce que le barreur aux aguets découvre le coupable.

J'ai connu quatre adolescents vigoureux, qui se faisaient une fête de battre trois yoles de mer, comme tout le monde le croyait aussi, et ils furent honteusement les derniers, parce que le chef de nage avait manqué de sang-froid. Il tressautait sur la glissière. L'Adriatique vit leurs fronts rougir.

Chacun des quatre mouvements est net: l'attaque, la passée, le dégagé, le retour, et tous sont fondus dans un mouvement unique. De la douceur :

L'aviron soit la chose envolée...

La force naît toute seule d'un style parfait.

Plumer, non. Mais une eau calme, la frôler, à peine, qu'elle en frissonne.

On devrait pourtant nous trouver un autre mot qu'*outtrigger*, qui est si vilain. Pourquoi ne pas étendre le sens d'esquif ? L'on dit déjà un quatre, un huit, il est vrai, et nul ne confond avec les yoles.

Il n'y a pas de pays à rivière qui ne soit démuni s'il n'a au moins un canoé.

Promener celle que l'on aime, à petits coups.

LES ARMES

Le fleuret est le latin de l'épée. On a cru qu'il n'était pas nécessaire.

Il est vrai que l'on a appris à mieux se couvrir, tout le corps dérobé derrière la coquille par la ligne droite du bras tendu et de la lame.

Les jambes aussi sont devenues plus prudentes.

Le costume de grosse toile blanche est réglementaire. N'exagère pas la houzarde du pantalon. En gala, une culotte de soie noire, si tu peux.

Elle, un pantalon de jersey noir, sous la jupette.

Commencer par le fleuret, acquérir des doigts, un poignet, une finesse, un œil, des jambes. Apprendre ensuite tout le réel de l'épée.

Tu sais aussi fournir un coup de poing. C'est de près, tout le poids de ton corps porté chaque fois dans ta main.

Un pistolet, un fusil, ressemblent à une dame.

Il ne suffit pas d'aimer, il faut soigner.

Il ne suffit pas d'aimer, il faut savoir.

On ne tire pas d'un doigt nerveux. Toute la main prend part à cette caresse que la gâchette subit irrésistiblement.

Des balles qui clouent une ficelle de dix en dix centimètres. On devient cet émule de Tom Mix en tirant cinq à six balles tous les jours.

Je ne vais pas jusqu'à plaindre le gibier en liberté, dont c'est, en un clin d'œil, le destin, mais déjà les beaux faisans parqués, davantage les cerfs aux beaux yeux, que leur cœur étouffe, et puis, les pauvres pigeons en boîte.

A la chasse, tu préfères aux carreaux les étoffes brouillées. Les bottes sont réservées aux marais : foin des tartarinades. Dans les bois, des guêtres en cuir. En plaine, les gros bas, avec la guêtre d'étoffe à mi-jambe, si tu veux. Assez d'effets imperméables pour ne prendre jamais un air piteux. C'est le bon sens, au fond, qui ordonne tous nos costumes. La pèlerine est le meilleur manteau, qui permet d'épauler avec franchise. Va bien avec l'automne.

L'ESQUIMAUDE

Il a fallu tout ce branle-bas sur la montagne, ce palais hissé sur un pic, et toute la neige du ciel devenue un plaisir, il en a tant fallu, ou il a suffi de si peu, pour qu'elle osât contenter l'envie de son cœur, qui était de porter, ostensiblement, une culotte.

Cette culotte bourrue, ce casaquin d'Indien de l'Alaska, ce bonnet de trappeur... Petite *Esquimaude* velue, bardée, si mince sous les épaisseurs, et candide comme une statue de neige, ou couleur d'une taupe, prends ton mouchoir : ton nez mignon qui coule. Sous couleur d'altitude, ne va pas renifler.

Mon ami Henri Martineau a vu entrer dans sa librairie du *Divan,* deux petits poulets qui voulaient une carte routière. Elles avaient leur auto à la porte. Elle s'en allaient seulettes jusqu'à Marseille, un grand Colt dans les fontes de la voiture. Elles étaient en culotte de cheval, à guêtres de grosse laine, leur veste moins qu'à mi-cuisse. Hé là ! Hé là !

A CHEVAL, AU BOIS

A huit heures, tu percevras un reste d'aurore, cette fraîcheur d'herbe mouillée qui est inimitable. A onze heures, autre plaisir : les frissons mondains.

Pourquoi les automobilistes du Bois ne sont-ils pas matinaux comme tant de cavaliers ?

A ces rendez-vous de midi, si reposants, il est permis de paraître dans une quarante Renault, comme si tu t'en allais jusqu'à Madrid. On ne peut vouloir, au prix de la carrosserie, que les gens possèdent deux ou trois voitures. Mais enfin, un petit machin a meilleure grâce. Il remplace l'ancien phaéton, l'ancien tonneau.

Encore l'auto. — Celles-là que l'on voit, polyédriques, qui ressemblent à des fortins.

Les quatre couleurs de 1926 (pour les mémorialistes) : œuf de cane, *griggio verde*, gris pervenche et bleu-noir. En réalité, plus de cent couleurs, mais ce sont celles-là qu'ont aimées surtout, avec le vert bouteille et le jaune diligence, les gens que j'aime. J'ai horreur de certaines omelettes aux tomates et de certains flacons de sauce anglaise.

Toute la ligne, toute la convenance de l'auto, a été obtenue par l'allongement et l'élévation du capot. Puisque c'était sa gloire, la maison qui avait trouvé le plus beau capot, à quatre pans vifs, le dessus en triangle comme un fronton de temple, a été bien sotte d'y renoncer parce qu'on l'imitait partout.

Je n'aime pas follement ces cavaliers, qui ne savent pas se servir d'une bride, qui ont tout leur compte avec le seul filet, qui laissent au cou de leur bête la raideur d'une trique, à sa bouche une insensibilité de rhinocéros, qui ont leur étrier trop court, qui ne savent que faire de leurs jambes, qui deviennent bossus en sautant, qui tirent droit devant eux, au petit bonheur, et qui d'ailleurs font aussi bien, car s'ils essayaient de rassembler l'animal ils tomberaient aussitôt en arrière de la main, s'ils voulaient seulement changer de main, ils le désuniraient. Qu'un cheval fin les étonnerait, au moindre toucher des aides, au plus petit déplacement de l'assiette !

Apprends à monter.

Une culotte qui a un peu d'ampleur et assez de cuisse est mieux qu'une culotte plate.

Cette ampleur ne se regonfle pas à droite et à gauche. Elle se loge contre la selle, derrière la cuisse.

La couture tourne et vient franchir le genou, pour placer à cet endroit surmené une ligne forte.

La botte noire est devenue un objet de musée. Les guêtres sont le privilège des jeunes gens, de leur jeunesse, (et un effet de l'avarice des pères). Ta botte est d'un cuir fauve qui prenne bien la patine.

Règle. A culotte d'un seul ton, veste carrelée. A veste unie, culotte à carreaux. Ou le même carreau dans la culotte et dans la veste, avec un gilet vif.

Parce qu'il plaisait aux yeux, un étrier trop chaussé, non pas à fond, à vrai dire, mais sous le fort de la plante, a fini par vaincre les objections de l'esprit. Il y faut une botte à semelle bien massive. Et ne point peser pourtant, ne point raidir.

Te voilà à califourchon, vilaine, au risque de te blesser, comme disait Saint-Simon, mais tu es devenue de fer, d'acier, de diamant. Daigne encore vouloir, au moins, que ta jaquette couvre à peu près ton genou. Ta belle botte fauve à contempler tout entière, c'est assez pour les autres.

Chapeau melon, chapeau mou, canotier, régate...

Beaux cavaliers que mon enfance admire encore, vers 1895. Leur jaquette piquée, leur tube, leur cravate plastron, leur pantalon beige, à sous-pieds, sur la bottine vernie. Sans compter leur épingle, qui était le portrait sous globe d'un grand cheval ou d'un grand chien. Sur mon bidet de manège, je rêvais de leur ressembler un jour, et j'avais compté sans les révolutions du globe.

La cravache est plus sûre que le stick, une vraie cravache armée d'une baleine.

— Mais un stick en peau d'hippopotame ?

— Tu m'en diras tant.

LES SACRES

Heureux les Hindous, qui jouent au polo avec des chevaux de troupe. Familièrement. Je l'ai lu dans Kipling.

— « J'ai lieu de dire, écrit le baron Fouquier, que le Polo est l'endroit le plus élégant du Bois. »

Jusqu'à la tombée du soir, ces belles bêtes lancées, précipitées, rivales. Sous le casque blanc, ces cavaliers qui se penchent, qui se dressent, les maillets qui volent. Un cœur bien né est heureux du luxe qu'il admire. La terre en est plus belle.

Le veneur et le cavalier de polo sont les maréchaux de France de la vie élégante. Si tu en es là...

POLITESSE DU LIT

Un beau lit de milieu, pour être bien placé, doit avoir à sa gauche la porte de la chambre, si le mur de cette porte est du côté du chevet.

Le lit doit avoir la porte à sa droite, si le mur où s'ouvre la porte est du côté du pied.

Il n'y a pas de principe mieux motivé, bien qu'il soit d'une application difficile dans nos appartements de hasard.

Elle a droit en effet à la place du fond. Tu le sais bien, si tu ne m'as pas lu de travers. Tu la dérobes aux regards, tu la gardes, tu la protèges.

Et cette place du fond, il faut qu'elle soit à droite, parce que c'est le côté honorable, parce que vous dormez tous les deux du côté droit, ayant été bien élevés, et parce que...

As-tu jamais bien observé, à Versailles, la chambre de Louis XIV ? Une vaste galerie à deux portes qui se font face, l'une et l'autre près du mur des fenêtres, le lit au milieu d'elles, et la tête de ce lit contre le mur opposé aux fenêtres. C'est la disposition idéale, exemplaire, royale. Mais si tu fais construire, qui t'empêche d'en parler à ton architecte ?

Si les circonstances t'imposent un lit de coin ou de mur, elle se glisse contre le mur, toujours pour la raison que j'ai dite. Tu veux mettre ta personne entre la sienne et l'univers.

J'aime surtout une alcôve. Dans cet asile, j'aime un lit de milieu, sa tête contre le mur du fond, entre deux tables qui ne soient pas vilaines à voir et à nommer, deux tables de chevet. De son côté, tu peux même préférer une grosse colonne torse, par exemple, et dorée, que surmonte l'image d'une déesse à sa ressemblance. Il y en a. Et du tien, dispose donc une manière de bibliothèque. Le lit même a le moins de bois possible, mais un peu. L'on a trop abusé de ces divans où le sommeil et l'amour sont également précaires, il me semble. Il n'y a plus de danger qu'il soit trop haut. A quelque distance un rideau léger interpose son voile. Te voilà seul au monde.

Seul au monde avec elle.

Car tu dors avec celle que tu aimes.

Un bel amour est une perpétuelle fusion. Il veut parler comme il pense. Il a toujours besoin de l'autre, de son cœur ouvert, de son souffle.

Ou tu n'es qu'un imbécile qui mérite cent mille cornes ou elle dort dans tes bras. Les docteurs et les hygiénistes auront beau faire. Les nurses les plus arides pourront bourrer de coups de poings le lit des petites filles, pour qu'elles apprennent à dormir de tout leur long. La nature a ordonné que les femmes dormiraient en chien de fusil. C'est pour qu'elles reposent contre nous, comme en un fauteil bergère.

Ses pieds ont froid pour que tu les réchauffes. Dormir dans un même lit pour que l'amour fonde sur vous à l'improviste, d'autant plus délicieux.

Tu es tendre, tu es prévenant. Toi seul peux

savoir ce qu'il entre de calcul dans ta sincérité, de retenue dans ton ardeur.

Il en résulte que vous ne dormez pas dans un courant d'air. Quel est cet excès ? Quelle est cette barbarie ? Ne suffit-il pas de communiquer par une porte avec une pièce dont la fenêtre est ouverte sur un air pur ? Ou bien il faut que tu n'aies jamais besoin de contempler sa statue. Et en ce cas, malheur à toi.

Te rappelles-tu le retour d'Ulysse à Ithaque? Rien au monde n'est plus beau.

Pénélope, comme elle hésitait à reconnaître, après vingt ans, son « beau doux ami » (ceci est du vocabulaire de la Table Ronde), leur fils s'emporte contre cette mère, contre cette épouse ingrate. Mais elle :

— *Mon enfant, mon cœur est saisi dans ma poitrine, et je ne puis ni prononcer une parole, ni l'interroger, ni le regarder en face.*

C'est qu'il lui plaît trop, jusque dans ses haillons, et qu'elle veut se défier de son propre trouble. On lui demande quelle femme peut avoir tant d'empire sur elle-même. Eh bien ! Pénélope. La Fidélité. Elle n'est point cette étourdie d'Hélène, qu'elle peut plaindre, non pas imiter.

— *S'il est véritablement Ulysse, nous nous reconnaîtrons mieux entre nous, car nous avons des signes qui sont cachés à tous, et que seuls nous savons.*

Les deux voyageurs, les deux guerriers couverts de sang prirent un bain. Le palais où gisaient les prétendants retentit sous le pas des danseurs et des femmes à la belle ceinture. Et Minerve versa sur la tête du héros une admirable beauté, le grandit, l'exalta. Ce qui est vrai à la lettre : le bonheur et le bain embellissent par un rayonnement de l'esprit. Pénélope songe à éprouver cet Ulysse, elle lui tend le piège du lit, cloué au sol par son pied d'olivier, — personne ne le savait.

— *C'est moi qui l'ai fait, nul autre : coupant le tronc près de la racine, je le polis avec le fer...*

Et Pénélope, lui prenant sa tête :

— *Ne t'irrite pas contre moi. Les dieux nous ont envié le bonheur de passer ensemble nos jeunes années...*

Leurs paroles dans la nuit, dans l'obscurité de la maison... Quand les deux époux se furent rassasiés (dit Homère), ils se charmèrent encore par des discours. C'est alors que le temps devient plus bref et plus long à la fois, par un miracle qui ajoute à la tendresse les délices de la raison captée.

Toi aussi, tu parleras.

Les maisons de l'ancienne Europe avaient une chambre d'apparat, avec leur meilleur lit réservé à l'hôte de grande classe, sous les brocards d'une fastueuse courtine. Si bien que Shakespeare dans son testament nommait *my second best* son propre lit, comme Mme de Chambrun nous l'apprend dans un livre parfait. Que celui qui a encore un château en France s'en souvienne.

DES AUTRES MEUBLES, ET LA MAISON

Une maison n'est pas un musée, une collection. Elle est une vie. Tu fuis l'hétéroclite. Tu cherches l'unité.

Tu cherches l'unité, mais en même temps la vraisemblance, c'est-à-dire la bonne grâce, le bon accueil des lieux habités.

Tu n'as pas la superstition de l'ancien, non plus le fétichisme du moderne. Tu prends de l'un et de l'autre.

D'abord, tu as du goût. Un vrai goût, qui ne soit pas une routine. Tu sais choisir, inventer, combiner. Le goût, ce dieu omnipotent.

Tu ne te presses pas, ayant une maison ancienne et des meubles transmis, de *laver* ces reliques. Tu te souviens que les gens ont dispersé à vil prix, jusqu'à ce que les Goncourt changeassent la mode, des merveilles du XVIIIe siècle. Mais les hommes ne deviennent pas plus intelligents parce que le temps passe. Pendant toute la fin du XIXe siècle, et le commencement du XXe, on a donné, cassé, relégué les très bons morceaux solides de la Restauration et du Louis-Philippe, que nous redécouvrons.

N'en va pas conclure que je te conseille de couver tout le Napoléon III, le Seize-Mai et le Grévy que tu rencontreras dorénavant chez les antiquaires. La vérité est qu'il n'y a point de Grévy, ni de Seize Mai, ni de Napoléon III, mais un vaste pastiche, une vaste salade, tous les anciens styles français ayant été mélangés sans discernement sur un même objet par ces époques sans imagination.

Cependant elles-mêmes auront quelquefois produit, par la bonne fortune d'une inspiration ou d'un métier, quelque pièce non laide; curieuse, du moins. Ne va pas la confondre avec tout ce bric-à-brac. Sois infaillible. Certains fauteuils dorés du second Empire ne sont pas à mépriser. Certains meubles d'architectes, établis vers 1880 ou 1890, avec une scrupuleuse honnêteté, dans une sorte de Louis XIII, ne pareront pas mal certaines pièces d'une bonne maison des champs. Tu ne les aurais pas achetés. Tu ne vas pas les vendre, si tu les as trouvés dans ton héritage.

La grande difficulté sera de t'y reconnaître. Car les uns sont hideux, ils sont impossibles; ce sont les autres qui sont agréables. Affaire de proportion. Nuances imperceptibles. Cela peut tenir à presque rien. Je te répète qu'il faut du goût.

Celui de notre temps se porte délibérément sur un bel ancien authentique ou sur un très beau moderne. Point de milieu.

Il est parfait, puisque ce doit être un chef-d'œuvre de ta sagacité, de fournir à un meuble ancien une décoration moderne. Cela dépend d'elle et de lui. J'ai un ami qui a combiné un petit salon Louis XV et Louis XVI rustique, avec une toile dont le cubisme analyse les feuilles et les écorces de la forêt. Rien ne va mieux ensemble que le brun si chaud de ces bois naturels et les grands verts, les gris nuancés de cette toile.

En principe, je suis partisan d'un mobilier

moderne (si tu peux acheter). Moderne : c'est-à-dire fait pour nous, pour nos mœurs, pour nos aises. S'il n'y a pas lieu d'en perdre la tête, notre auto, notre lumière, notre T. S. F. (l'univers dans ta chambre) veulent néanmoins des formes, des couleurs. La simplification et la commodité peuvent s'allier à l'agrément. Les Grecs étaient riches en lignes droites. Notre art du mobilier a commis beaucoup de sottises depuis trente ans, mais il en est aux réussites. A toi de les distinguer.

La lumière électrique notamment est bien exigeante. Les lustres anciens étaient faits pour supporter des bougies. Il y en a bien peu qui soient assez denses pour cacher suffisamment tout cet attirail de fils et de douilles si désagréable aux yeux. La malice sera de considérer que l'on te donne une lumière capable de se répandre en nappes, de ruisseler. Tu combineras donc, avec les sources invisibles nichées dans les moulures et réverbérées par les plafonds, les appareils en forme de tables, de globes, de montgolfières, de cascades, voire de polyèdres. J'en connais un bien discret. Sauf peut-être de l'Empire inhumain, il s'accommode de tous les styles, jusqu'en 1926, car il est fait de trois jets d'eau. Son cristal, bien serré dans le fût, dans la colonne : émietté et diapré sur les trois chutes. Bouton. Tu as chez toi une fontaine lumineuse.

Il est admis que tu aies très peu de meubles, mais beaux. En revanche, on exige un appartement tapissé, peint, fini jusqu'au tréfonds.

Partisan d'un mobilier moderne dans une maison moderne. Refrain : si tu peux acheter... Toi, ne vends pas à l'Amérique ta maisonnette aux beaux arbres. Toi, saigne tes quatre veines pour garder tel quel ton beau château (en faisant réparer avec soin la toiture). Mais sur ce terrain de l'ouest de Paris que tu as su acquérir à temps, tu ne vas pas élever un cottage de Normandie, ni reproduire l'un de ces hôtels bâtards du siècle d'Haussmann. Nous sommes au nôtre. Nous sommes les gens d'à-présent, comme disait Molière. Souviens-toi que les merveilleux modèles de la fin du XVIIIe siècle ont fourni à nos architectes des types dérivés, remarquables par leur ressemblance avec nous-mêmes, avec nos songes : la courtoisie dans la simplicité. Si tu ne m'en crois pas sur parole, va regarder l'hôtel à colonnes de la rue Louis-David (dans la rue Scheffer). Sache d'autre part observer — en dehors de tant de folies biscornues où l'on s'égare — sache observer que deux maisons nouvelles sont aujourd'hui conçues, l'une en forme de rotonde, l'autre en cubes bien distribués.

Est-ce que tu ne les trouves pas jolies, ces grandes salles rondes, où les invités se répandent si bien, la maison entière disposée en cercle autour d'elles, comme une ruche ? Les portes se tirent dans l'épaisseur des murailles. Paraissent aux yeux toutes les élégantes alvéoles.

Est-ce que tu n'aimes pas ces nouvelles salles, ou rondes comme je viens de dire, ou d'un beau rectangle ? La pierre y règne, on y glisse en dansant. Des divans ouverts dans le mur reçoivent des matelas capitonnés, avec mille coussins versicoles, ou bien qui sont tout dépouillés, pour flatter ton cœur géomètre. Peut-être même qu'un blanc jet d'eau y délivre son éternel soupir, comme dans un patio. Un beau lévrier le regarde. A qui sera le plus fidèle.

Là, ces nouveaux tapis admirablement

mis en page sont comparables aux plus beaux de tous les temps. Là, en réplique au vaste garage du bas, une terrasse attend la future et proche aviette. Et là, déjà, l'antique baignoire a peut-être cédé à une courte piscine, dont les marches sont taillées dans le marbre. Peaux d'ours. Miroirs.

La duchesse du Maine se délectait, dans sa maison de Sceaux, d'une retraite qu'elle appelait sa Chartreuse. J'imagine que ce doit être un plaisir incomparable que d'avoir à soi une pièce où nul ne pénètre jamais. Tu te rencontres toi-même : ton antre, tes songes. Tu peux y souffler entre les étapes de la vie.

Mais sur le seuil de l'hôte, le sourire de l'amitié soit toujours le même.

PORTRAIT DE NÉOPHILE

Il aime tout ce qui s'invente pour vivre un peu mieux. Qu'un objet nouveau paraisse sur terre, il en est informé comme par des voix. Si bien qu'il suffit de connaître Néophile. Il nous découvre toutes les modes, toutes les vogues. Et l'on se fie à lui, on l'écoute.

Il peut avoir trente ans. Il est vivace. Il est allègre.

Vois son col. Le col double de ses chemises. Il y a longtemps que les deux pointes n'en sont plus trop longues et pointues. Vois toute sa chemise. Le col y est *cousu*. Et les manchettes, molles aussi, mais rondes, non plus plates, sont tenues serrées sur le poignet par deux boutons de nacre. (C'est la chemise de Jacques

Hébertot.) Un jour ou l'autre, probablement un jour d'été, nous l'aurons tous. Lui, il y a eu trois ans aux derniers Rameaux.

Si tu assistais au petit lever de Néophile, tu le verrais bondir dans un pijame tout simple, tout droit, tout uni. Plus tard, tu observerais que sa jarretelle est faite d'un seul ruban d'une merveilleuse et douce élasticité. A l'un des bouts, la pince qui mordra la chaussette; à l'autre, une manière de grosse agrafe plate. En un clin d'œil, c'est fait.

Il a le plus agréable des briquets. Il y a belle lurette. Les gens se récrient dès qu'il étincelle. Ils disent : « Comme c'est bien ! » Et demandent une démonstration. Tu réponds que c'est l'invention d'un mutilé anglais. Il s'allume d'une seule main. L'objet est si beau, si poli, si brillant, que personne ne pipe. Tout le monde est béat. Nul ne pense à répliquer : « Mais tous les briquets à ressort s'allument d'une seule main. »

Néophile est tout heureux depuis quelque temps parce que les deux fume-cigarettes qui avaient sa préférence, en bruyère grattée, sont aujourd'hui fabriqués chez nous. L'un en forme de svelte calice. L'autre en forme de longue olive. Ils ne diffèrent des modèles anglais que par l'armature métallique contre la nicotine. Au lieu d'un tube, on a mis un zigzag. « Mais, dit-il, quelle qu'elle soit, une âme de fer rend vite la bruyère trop forte. Je l'enlève toujours. »

Mon ami partait en voyage et je suis allé le voir.

Il vit dans trois pièces assez petites, dont l'une est changée en cabinet de toilette. La forme extérieure de sa baignoire est rectangulaire, parallélépipédique. Les murs à mi-hauteur sont en carreaux de grès émaillé. Les robinets ont un long col horizontal. Il faut qu'ils coulent en pleine eau, non pas contre la paroi. Les trois pièces sont exiguës parce que Néophile n'est point Crésus. Il n'est pas misérable non plus.

Il s'habillait. (Printemps 1926, si ce fut un printemps). Complet marron uni de loin. De près, un losangé est fondu dans la trame. Cravate picassine, dont les triangles tour à tour noirs, blancs, bleus, s'enchevêtrent de telle façon que :

1° Opposés par la base, ils composent des losanges.

2° Opposés par la pointe, des X rectilignes, des diabolos.

3° Ces diabolos, une fois recoupés en deux par le vague d'un regard errant, des trémies.

4° De droite à gauche un motif diagonal où les noirs dominent.

5° De gauche à droite, une file où les bleus prévalent.

6° Groupés par quatre, une mosaïque de parquet historique.

Ainsi des enfants considèrent-ils un papier de tenture bariolé. Leur imagination y découpe des merveilles. Et cette cravate picassine est pourtant sobre. Heureux Picasso ! Heureux cubistes dont l'influence s'est étendue jusque là !

Dans un angle, je vis sa valise ouverte. Néophile a une malle-armoire à porte-manteaux, la plus petite, à cause de leur poids. Il a une « cinémathèque ». Il a même une valise-bibliothèque de son invention : un rayonnage d'aluminium dans un étui de cuir parcheminé. Il voyage comme un roi, dit-il. Un jeu de trois valises, selon la durée : huit jours, quinze jours, un mois. Jusqu'à quinze jours, un costume bigarré sur lui, un complet sérieux et un smoquin dans la valise. Plus, il est vrai, un mignon appareil de prise de vues, un tobe en caoutchouc, une demi-douzaine de bouquins, et des haltères à pression.

— Tandis que je me dépêche (il dit en realité : pendant que je me grouille) tu devrais faire marcher le phono. Prends *Valencia*...

— C'est trop bête.

— C'est un air qui fait penser à une belle fille campée sur ses deux hanches, au soleil. Un air pour les hautes jambes de Mistinguett. Ou prends une *hawaïenne*. Ou prends une *scie*, qui lamente.

— Mais où est le phonographe ?

Il se mit à rire. Le phonographe de Néophile a l'aspect et la taille d'un réveille-matin.

Deux ou trois téléphonages. L'escalier quatre à quatre. Nous étions en voiture. Il m'expliqua qu'il avait depuis peu renoncé aux bolides démantelés, effroi des populations, terrorisées par le bruit autant que par la vitesse. Il y avait renoncé pour un peu d'âge qu'il attrapait et pour la nouvelle gravité de ses affaires. Dans cette *conduite intérieure* qui a l'air d'un petit canard, il m'assura qu'il pouvait faire le tour du monde.

— Mon vieux, disait-il, mon vieux, je tire les baquets et j'ai un lit. Je peux dormir en pleine forêt. Je te répète : un roi. Je ne me plains pas, tu sais. Si seulement le gouvernement valait ceux qu'il gouverne... Un homme, aujourd'hui, du matin au soir, et du soir au matin, il a barre sur Jupiter, comme disait Virgile, sur les choses inclémentes. Nom d'un chien ! Nous les dressons. Représente-toi un homme dans le désert. Voilà la fin de l'étape. Halte. Repos. On ouvre quelques caissettes. Voilà la tente, voilà le lit : matelas pneumatique. Cette jolie négresse, si gentille lorsqu'elle remue... Vite, sa photo. S'il te plaît, vivante ! Il reverra toute sa vie comment elle souriait, comment elle galopait. Et qu'est-ce qu'on lui apporte dans ce sac à main ? Sa portative, sa machine à écrire : le rapport de la journée. Son travail fini, il s'est lavé comme toi et moi. Vague à l'âme. Phono. Océan Pacifique... On à beau dire : la rapidité, la commodité sont deux fées charmantes.

COMMENT IL BOUGE

Imagine un matin de juin encore frais, à la campagne.

Je suis nonchalamment assis, mais Néophile ne tient pas en place.

Entre ces arbres dans tout leur vert, il a quitté son veston, qui est d'un lainage roux assez gros, bien que léger, et brouillé d'une foule de taches vertes, rouges, brunes, que l'œil distingue quand on y met le nez. C'est une laine dite *indéchirable*.

Il n'a point de gilet. Il a un tricot fermé, moelleux et souple, un damier *tremblé*, brun sur brun. Hier, il en avait un plus hardi, que cerclent, sur un fond brunâtre, des grecques africaines, si l'on ose dire, rouges, noires, jaunes.

Il n'a point de bretelles, qui pourraient casser ou rompre un bouton. Il a une ceinture mince, en tube aplati.

Une chemise à cellules, naturellement, et rien dessous, et point de cravate, mais un bouton assez haut sur la poitrine pour éviter que le col se déroule à l'excès.

Néophile qui avait déjà un joli lot de culottes obliques a eu tout de suite la culotte droite, qu'il ne veut point trop basse au-dessous du genou, parce qu'elle alourdit en ce cas la silhouette.

Deux poches revolver. A droite, son portefeuille et son briquet, à gauche l'étui d'argent, et la pipette en bruyère, toute bourrée, dans son fourreau de renne. Soit un seul objet en métal par poche, pour éviter de les cogner l'un contre l'autre.

Néophile a sept pipes, qu'il a baptisées. Il a Thérèse, qui est une grosse. Elle lui rappelle une femme qu'il a aimée, qui n'était pas une mauviette. Il a Gabrielle, qui lui rappelle une autre dame, de très grande mine. Il a

Mariquita, qui est mignonne et brune; Aïcha, d'une noirceur maugrabine; Eléonore, qui est dorée; Virginie, qui est coloniale, puisqu'elle est taillée dans une calebasse; enfin, Miss Bernot, qui est anglaise et brune, comme son double nom l'indique.

Dans les deux poches des flancs : à droite, un vaste mouchoir, et les clefs, par une chaîne; à gauche, les sous et les francs de cuivre. Le stylo est accroché dans la poche intérieure de la veste, à gauche. Dans la droite, un agenda. Dans l'une des poches extérieures, la blague à tabac, à ruban métallique. J'ai déjà dit que le portefeuille était sur la fesse, car un veston doit pouvoir être jeté, lancé à tout moment. Lorsque par hasard on a besoin d'un revolver, sa vraie place est dans la poche droite de la veste ou du manteau, sous la main.

Les gros bas ont deux vastes losanges emmêlés. Les souliers sont commodes, montés à la norvégienne, c'est-à-dire réellement impénétrables.

Il peut partir à l'instant pour l'autre bout du monde. Ou faire le saut périlleux sur la pelouse. Ou étendre dans l'herbe une bergère.

Ou boxer un imbécile. Et n'être dérangé dans son costume ni dans son être par aucune de ces diverses opérations. De là, cet œil qui brille bien, dans un visage tranquille.

Pour l'instant, il se borne à vouloir fumer.

Il a pris son étui dans la main gauche. Bruit du ressort pressé par le pouce, tandis que l'autre main ouvrait l'appareil.

Il frappe à petits coups le tube de la cigarette, ou sur une table ou sur le revers de la main. Mouvement que sa génération n'a pas imaginé, mais qui n'est pas très vieux. Une dizaine d'années. On l'ignorait il y a quinze ans. Le but est de faire descendre dans l'enveloppe de papier, la colonnette de tabac, comme un piston, pour éviter que les parcelles débordent à l'extrémité que recevra la bouche.

Le briquet a claqué dans la main droite, le pouce ayant levé et rabattu la manette de l'éteignoir en deux temps bien liés. Entre ces deux temps, la roulette a tourné, la flamme à brillé. Sans être riche, Néophile tient à fumer, faute de mieux, de très bon tabac de Virginie. Je traduis son nom d'Amérique : qu'*Il est délicieux d'en griller une.*

Un petit mouvement du coude, à présent,

un petit mouvement du bras gauche, qui s'élève. Tandis que sa figure s'incline un peu, à droite, comme celle du chien fidèle écoutant la voix de son maître. Néophile a voulu savoir l'heure qui tournait.

L'heure est mieux à gauche qu'à droite, parce que le bras gauche à moins à faire, est moins exposé.

Tu as donc pu voir que les ongles de Néophile sont parfaits. En réalité ils sont faits, mais ils n'en ont pas l'air. Ils sont courts et astiqués, non vernis. Il ne semble pas qu'il les regarde jamais. Non plus, il ne les frotte, comme c'était la faiblesse de ses aînés, hors de son cabinet de toilette. Il a les mains propres, sans plus.

Il a toujours aux pieds un soulier assez lourd. Il ne veut pas sautiller. Il marche d'un assez grand pas, droit comme un I. Non pas raide, toutefois. C'est un allant, c'est une bonhomie. Répétons le grand mot : c'est l'un des signes de la simplicité qui est dans son caractère, dans ses habitudes. Tu ne l'imagines pas le col enfermé jusqu'aux deux oreilles, comme en 1895. Tu ne l'imagines pas arrondissant le petit doigt au-dessus de son verre.

Si par hasard il a besoin de rectifier sa régate, point de miroir. Ouste ! La main droite tire par-dessous le pan inférieur, l'autre remonte infailliblement un nœud solide. Cependant que sa bouche fait peut-être une moue à la Charles-Quint. Facultative, cette moue. En général, l'impassibilité est préférable, quoique sans morgue et sans chagrin. Il a, au contraire, un rire d'enfant.

Après quoi, achevant de se mettre en route, il boutonne le bouton central de sa veste. En même temps, il rejette en arrière sa tête, où pas un cheveu ne bouge, car elle est si bien peignée, si bien enduite et fixée — mais ce n'est point par un corps gras — que le vent de l'auto lui-même n'y peut rien.

Sur le volant, il pose en diagonale un vaste gant à grosse piqûre, celui de la nonchalante main droite, cependant que la gauche enferme avec attention la roue luisante.

Il ne marche ni ne danse tout à fait selon les règles et positions de l'ancienne civilité. Ces deux bras pendants, ces deux pieds parallèles, qui appuient jusqu'au talon sur l'écorce du globe. De colère, un maître à danser d'autrefois en briserait sa pochette. Mais Néophile se mettrait à siffler américainement, et il saurait bien apaiser le vieil homme fleuri :

1° Par sa mine candide;

2° Par un air battu sur le plancher au moyen de ses semelles : pan, pan-pan, pan... ;

3° Par quelque tour athlétique : les mains à terre, les pieds au mur ;

4° Par son intrépidité auprès des belles.

L'auto, les jeux, l'air, le bon sens, un jeune homme aujourd'hui est libre et fort comme un cavalier, comme un chasseur de l'ancienne France, comme Ronsard dans la forêt de Gâtine. S'il se donnait la peine d'y songer, il trouverait au XIXe siècle une odeur de camphre : Raspail, toutes ces vieilles barbes, ces homélies, ces rapsodies... Il y a toujours eu des niais, probablement, mais au XIXe siècle, ils ont fait la loi.

¶ « Les manières, écrivait Barbey d'Aurevilly, c'est la fusion des mouvements de l'esprit et du cœur. » Il ajoutait, l'on ne sait pourquoi, car c'était méconnaître ses propres dons : « Et l'on ne peint pas les mouvements. »

¶ Bien entendu, Néophile a tout son visage rasé avec le plus grand soin. Mme de Sévigné parle une fois de la forte barbe de son gendre *(vir pilosus)*, qui piquait très fort le troisième jour. Nous nous rasons tous les matins.

Ne va pas croire qu'un visage rasé soit forcément anglais. Tu aurais donc oublié Louis XIV, c'est-à-dire le plus grand prince qui ait jamais régné au monde, tu aurais oublié les deux siècles français par excellence, et tu aurais oublié Rome.

La question a été tranchée il y a quinze cents ans par une petite fille, cette Chloé que deux pâtres se disputaient. « Je suis plus grand que lui, disait Dorcon, blanc comme le lait, blond comme gerbe, frais comme les premières feuilles, au lieu qu'il est chétif, noir, et n'a de barbe non plus qu'une femme. » Mais Daphnis : « Je suis brun, l'hyacinthe est noire. Celui-là est roux comme un renard, barbu comme un bouc. Si c'est lui que tu baises, Chloé, tu baiseras ses poils. Si c'est moi, tu baiseras ma bouche. » Chloé le prit au mot. C'est Daphnis qu'elle voulut embrasser.

LA SECONDE LANGUE

Un *ballot* est un paquet. Mais *ballot* a fourni ce qu'on appelle une image continuée : *au bout du quai (les ballots)*. Il me semble découvrir une tendance à remplacer *ballot*, qui commence à manquer d'ésotérisme, par *colis* et même *valise*.

Être fauché, c'est n'avoir pas le sou. *Être sans un*, c'est spécialement n'avoir plus rien ce soir-là, cette semaine-là. Nuance à observer, en cas de besoin.

Rothschild a du *fric*, mais n'est pas le cousin de Néophile, quand celui-ci est *plein aux as*.

Galette est un mot déconsidéré pour le quart d'heure, devenu innocent. *Pognon*, de même.

C'est *fric* qui a la vogue. L'*as* était une monnaie romaine.

On ne dit pas d'un extravagant qu'il est fou, non plus *dingo,* qui a vieilli : il est *tapé,* ou *marteau.* Faire des sottises, quelle qu'en soit la cause et la forme, est *faire le jacques.* Un imbécile d'un certain âge, bête seulement par les opinions que son âge lui donne, est une *vieille cloche,* une *vieille noix.* Un imbécile absolu est une *truffe,* ou un *fourneau,* mais *truffe* se prendra facilement en bonne part, dans une antiphrase affectueusement taquine. Petite truffe. *Fourneau* est presque toujours péjoratif.

On a beaucoup raisonné sur ce que Néophile entendait lorsqu'il disait *une poule.* On a été surpris de la vaste consommation qu'il faisait de ce vocable. Ne l'applique-t-il pas tout simplement à toutes celles que Stendhal nommait des « femmes ayables » ?

Si elle est belle, il dit qu'elle est *bien balancée,* ce qui loue sa santé, son équilibre, sa marche, son air heureux. C'est une idée grecque. Il ne se mettra pas avec elle dans un lit mais dans un *pajot.*

Si elle est laide, il dit qu'elle est *moche.*

Méchante, il dit qu'elle est un *chameau.* Vieille, et toujours concupiscente, ou seulement d'une méchanceté invraisemblable : *un vieux chameau.* La nuance exacte ou combinée est sensible par le contexte. Si elle a l'haleine forte, elle *repousse,* elle *bouscule.*

Un face-à-main est une *vitrine.* Un beau brin de fille (comme on disait), *un beau biftèque.*

Ce sont des hommes de génie qui ont inventé ces métaphores.

Lorsqu'il se moque de quelque chose, *il s'en fout* (mot éternel, et singulier) ou bien *il s'en balance.*

Ces bras ouverts, cette légèreté du pied sur le sol, cette pichenette au ciel : l'*Indifférent* de Watteau *s'en balance.* Comme une escarpolette bercée dans l'espace un dimanche se rit de l'univers.

Néophile ne nomme pas sa chambre une turne, qui est un vieux mot. Il la nomme une *carrée.* Un toit posé sur quatre pieds ne fait pas une *carrée.* Il y faut des murs. Une *carrée* est ce lieu clos, dans une maison, fermé et dessiné au compas, l'asile de l'homme blanc, ce géomètre.

Quand il n'en peut plus, il ne dort pas (ni

ne *roupille*, autre antiquité) : *il en écrase*. De ses deux poings refermés.

Une lumière enfermée n'est plus un *rosto* — du nom du général Rostolan qui commandait l'École Polytechnique lors des premiers becs de gaz — mais une *calbombe*. Etymologistes, cherchez pourquoi.

Les chaussures sont des *pompes*, pour le bruit qu'elles font dans l'eau lorsqu'elles sont misérables. Ou pour le mouvement de piston du pied, dans le soulier trop large du soldat. A la rigueur, des *godasses*. Des pieds plats sont des *tartines*. D'honnêtes pieds, des *ripatons*.

Un qui a trop de chance : *il est verni*. Tout glisse. Rien ne l'entame. C'est avoir une chance insolente. Eviter les peines, les châtiments, jusqu'aux effets des causes. Un fourbe que l'on avait deviné, avait été *reniflé*. Pris dans ses trames, il n'est point perdu : *il est bon comme la romaine* (qui est une salade). La main dans le sac, il est *fait*, ou *poissé*. Mis à la porte, il est *vidé*. Le renvoyer, le biffer, le mettre dehors, c'est le *balancer* (encore). Un envieux, par exemple, qu'on ne peut sentir : *on ne peut le blairer* (de blair, qui veut dire nez). Une affaire est une *combine*, mot à mot.

Un jeune homme qu'un mari a surpris, *il est fait* pareillement. Si le mari ferme les yeux, c'est le jeune homme qui est *pépère*, c'est-à-dire tranquille, voyant les choses de haut.

Un *As* est celui qui prime tous les autres dans son ordre, dans sa catégorie, comme la carte du même nom.

Entuber est une variante un peu précieuse de *posséder*. C'est tromper quelqu'un, tromper, engeigner quelqu'un, ou s'en rendre maître, c'est en user d'une façon ou d'une autre comme de ces papiers que l'on serrait autrefois dans un tube : les soldats leur congé, par exemple. Ou bien c'est en user comme l'employé des postes devant la bouche du tube pneumatique. Il ferme. Il frappe. Allez. *C'est cuit*. Et *emboutir* c'est endommager, comme font les machines, par inclusion irrésistible. *Faire aux pattes*, c'est voler, chiper, confisquer. *Poisser*, que nous avons déjà vu, est *prendre*.

La tête s'appellera le *chou*, la *pêche*, la *cerise*. L'on dit toujcurs *la gueule*, parole magnifique, puisqu'elle signifie, selon l'occurrence, et les traits du visage et leur expression.

Il y a des espagnolismes tirés de Montmartre, où tant d'Espagne a paru depuis quinze ans : « *Ta bouche, miniature.* »

Une *bougie* est un nez, quand il s'allonge... *Aller fort* est défectif. Tu vas fort, vous allez fort, ils ou elles vont fort. La bienséance rend la première personne impraticable. *Le chapeau de la gamine* (en désuétude) est le détail, l'accessoire. Nous passons notre temps, en France, *à nous en faire* pour le *chapeau de la gamine,* à nous en soucier, à le soigner. C'est le dernier coup de pouce de l'ouvrier, le dernier trait de l'écrivain...

On parle de toi, de telle manière que tu en es interdit, on t'a loué, ou bien on t'a lavé la tête. Quelqu'un te demandera (ce sera un *pote,* un ami) : « *Tu ne sens rien ?* » Il peut te dire aussi : « *Tu te rends compte.* » Ou bien : « *Attache-toi.* » Sous-entendu : « *Il fait du vent.* »

Pote est abrégé de *poteau,* parce qu'un poteau tient ferme.

Le peuple ne dira pas un capharnaüm. Il dit : *Quel bazar* ! Ou bien : Quel... (Le mot est dans Villon, sous une autre forme.)

La petite amie de Néophile, quand il la gronde, lui répond : « *Ça va bien.* » Qui est encore gentil. (Tu as raison, n'insiste pas.) Elle répond *ça va,* tout court, lorsque cela ne va guère. *La moitié de ça suffit,* comme elle dit quelquefois, est ironique ou tendre ou farouche, selon l'inflexion. Comme elle est fidèle, si quelqu'un lui fait du *plat* (la cour), elle va s'écrier : *ça y est !* Qui veut seulement dire : « Non, quel toupet ! Mais je l'avais prévu. » Lorsqu'elle ne veut plus voir son ami, *elle l'envoie à dache.* Lorsqu'elle est mécontente de lui, elle trouve qu'il a *loupé la commande.* C'est grave. Car *louper* est synonyme de manquer, de rater, et *commande* a reçu un sens profond, quasi mystique, des usines et des magasins. Lorsqu'elle veut donner un tour espiègle à l'éternel reproche des femmes, elle dira : *Quel égoiste* ! Sans tréma sur l'*i*. *Egouaste.* Ce qui est une trouvaille d'harmonie imitative *morale.* Quand elle est charmée de l'esprit qu'il montre, elle en appelle fièrement aux témoins : « *Ce qu'il est bête !* » Et lui de penser : « Mes actions remontent. »

Les menteries tendancieuses, les propos gonflés. D'homme à homme, ce sont des *bobards.* D'un homme à une femme, des *boniments.* Terme générique : *bourrage de crânes.* Les verbes sont : *bourrer, attiger, cherrer.*

Un *mec* est un homme, sans plus. Pour que le terme soit désobligeant, il faut que le sens l'entraîne. *Ce frère-là* veut dire cet imprudent, ce téméraire, cet indiscret. Un *boulot* est un travail, quel qu'il soit, une corvée, une fatigue. Néophile, qui n'aime point les chevaux, les nomme des *bourrins.* Un *cuistot* est un cuisinier jusque chez Larue. *Flingue,* fusil. La *poisse* est la guigne. Ce qui colle invinciblement. Un *filon,* la veine : c'est la même image. *Courir* est agacer. *Tu nous cours.* Une *vache* est un cochon. A la lettre : un méchant homme. Et le *cafard* sera toujours le nom pudique de la mélancolie.

Dire qu'on va *bouffer* ou *croûter* est marquer sans ostentation que l'on s'en va dîner. Détrôné par la *gnole,* le *cric* retrouve son ancienne faveur : toute eau-de-vie un peu raide. *Pinard* et *flotte* et *barbaque* sont trois mots sacrés que même les Américains comprennent. La *flotte* est l'eau par excellence, l'eau du bon Dieu, en nappes, en océans, *fluctus.* Il arrive même que Néophile et sa tribu rendent service à la langue. Ce sont eux qui ont évincé *consommation,* mot ridicule, bureaucratique. Il vont *prendre un verre* (ou bien un pot).

Et manger, enfin, c'est *se taper la tête.* Comment mieux peindre ce léger vertige de la nourriture, cette allégresse des aromes, cette participation de l'esprit ?

Seulement, Néophile n'use pas dans une soirée tout l'argot dont il a la science. Il se moquerait bien de toi si tu prétendais l'éblouir. Lui, il en pique un mot ça et là, avec un art infini.

QUI PARLE ET QUI ÉCOUTE

C'est qu'avec son air coupant, avec toute sa vitesse, il ne lâche pas une parole qu'il n'ait bien pesée.

Il va droit au but, fermement. Il a trop de passion, de force, de volonté. Il n'a point de dédain. Il aime ce qu'il aime. Il finit donc la plupart de ses phrases, que son père laissait toutes en suspens, comme le voulait une mode absurde, trop favorable à la pauvreté d'esprit. Et il prononce toutes ses lettres. Et il n'a certes pas cet accent d'Angleterre qu'affectait son aîné. Et il n'a guère recours au *truc*, au *chose*. Même, il a une syntaxe qui n'est pas vilaine.

Il a seulement une langue de renfort, cette

seconde langue qu'il a ramenée des armées, et qu'il renouvelle dans les garages, les champs de courses, les vélodromes. Phénomène à expédier vers l'histoire dans les vagonnets de la chronique.

Lorsque le grand-père de Néophile vit que son petit-fils regardait les chevaux comme des animaux de tapisserie ou comme les pièces d'une roulette vivante, d'un plus grand rayon, lorsque le grand-père de Néophile vit, au contraire, que son petit-fils était fou d'automobile, jusqu'à se coucher sous le ventre de ces monstres, les mains dans leurs entrailles, il le nomma le Mécanicien.

Impossible de mieux dire. Aussi gentil que quiconque dans un salon, bien que toujours un peu carré, un peu âpre, il se comporte au bar, dans la rue, dès que l'on est entre hommes, avec une rudesse admirable.

C'est comme s'il y avait deux hommes en Néophile, afin qu'il ne soit jamais dans l'embarras, ni dans le voisinage immédiat d'une reine, ni les yeux dans les yeux d'un voyou. Il est d'ailleurs capable de se tirer d'affaire par un *swing* magistral.

En réalité, il est plein de prudence, de

savoir faire, d'observation. Il est plein de tact.

Quel beau mot !

Si l'on a du tact, on a donc des doigts, un toucher imperceptible, pour se gouverner dans le dédale enténébré des âmes. Autre image : on dispose d'un van pour cribler l'impondérable silence.

On ne lâchera plus à tout propos une gaffe dans l'œil d'une victime.

On ne dira pas à un aveugle : « Comme les aveugles sont gais ! » Bien que rien ne soit plus véritable.

On prendra garde au possible venin de certaines expressions. Devant un ami protestant, l'on n'ira pas dire que le voisin est peu catholique.

On sait observer tous les degrés qui mènent de la conversation banale aux premiers aveux de la sympathie, ensuite aux effusions de l'amitié. Bien qu'en amitié aussi, il y ait des coups de foudre. Dans l'amitié même, on garde une discrétion, une mesure. Que dis-je, dans l'amitié ? Jusque dans l'amour ! Il y a des gens qui s'aiment et qui se tourmentent, se harcèlent, se font souffrir, parce qu'ils ne veulent point admettre que l'autre ait un for intérieur.

Cette réserve ne signifie pas que j'aie eu tort, en maintes circonstances, de définir l'amour une entière *donaison*. Comment vivre sans résoudre en fait, perpétuellement, des antinomies que leur aspect déclare irréconciliables ? Si le genre humain était simple, s'il était tout d'une pièce, si tout y allait par règles de trois, il serait aussi trop bête.

En outre, le tact enseigne à écouter.

Rien n'est plus disgracieux qu'une audience mal accordée. Rien ne blesse plus sûrement un cœur qui t'aimait. Il voit ta distraction, ton ennui. Et il se contracte. Il a trop de peine. Il ne croit plus en toi. Plus malheureux encore, si t'aimant toujours, c'est lui-même qu'il prend en mépris, et qu'il s'avilisse en secret.

J'ai connu une petite fille. Elle eut le guignon d'avoir un frère surprenant, quasi génial. Si bien que, dans son entourage, nul ne prenait garde à elle. Jamais. On ne l'écoutait pas. Elle vivait dans les steppes de l'isolement. Les gens entraient, allaient droit à ce frère merveilleux, admiraient ses réponses. Le rituel était aussi déterminé que la marche des astres. Elle n'en prit pas l'habitude. Elle grandit en fixant sur cet étrange monde, où elle ne comptait pas, deux beaux yeux pleins de chagrin.

Ecouter, se prêter... Tu n'en es pas quitte pour hocher la tête, si l'on voit que ton esprit s'évade.

On n'a pas à faire les gestes du discours que tient l'autre. On n'a pas à lever les yeux au ciel, les sourcils, les bras. On n'a pas à se récrier. Le déclic que l'interlocuteur désire percevoir est véritablement intérieur. Il veut que tu sois ému, diverti. Il veut que ses paroles te donnent du plaisir ou te mènent au bord des larmes. Il prétend t'intéresser. Résigne-toi. Tu n'en sortiras pas à moins.

C'est mal dit. Ta résignation ne lui suffit pas. Il a visé ton âme elle-même. Il contribue en quelque sorte à ton perfectionnement moral. Non satisfait d'exercer ta patience, il la transmue en bénignité. Il augmente ta charité.

Jusqu'à ce pauvre homme, qui est diffus, qui traîne, se répète, s'embrouille, s'embarrasse. Tu ne vas pas le lui faire sentir ? Tu lui fais bonne mine. Il doit y avoir des indulgences attachées à ce genre de mortifications. Tu n'as le droit de te dérober, de t'enfuir ostensiblement sur les hauteurs, que s'il venait à toucher ton coude ou à saisir le bouton de ta veste.

Ecouter, interroger... J'ai vu un jour Néophile aux prises avec son mécanicien. Attends. Lis d'abord :

« Quelque prévenu qu'il fût, quelque mécontentement qu'il crût avoir lieu de sentir, il écoutait avec patience, avec bonté, avec envie de s'éclairer et de s'instruire; il n'interrompait que pour y parvenir. On y découvrait un esprit d'équité et de désir de connaître la vérité, et cela quoique en colère quelquefois, et cela jusqu'à la fin de sa vie. Là,tout se pouvait dire, pourvu que ce fût avec cet air de respect, de soumission, sans lequel on se serait encore plus perdu que devant, mais avec lequel aussi, en disant vrai, on interrompait le Roi à son tour (*car c'est encore lui*), on lui niait crûment des faits qu'il rapportait, on élevait le ton au-dessus du sien en lui parlant, et tout cela non seulement sans qu'il le trouvât mauvais, mais se louant après l'audience qu'il avait donnée, et de celui qui l'avait eue, se défaisant des préjugés qu'il avait pris ou des faussetés qu'on lui avait imposées, et le marquant après par ses traitements. »

Tel Saint-Simon, l'encore gothique Saint-Simon, a vu Louis XIV, tel j'ai vu Néophile devant son chauffeur, peut-être avec ce surcroît de familiarité que la mécanique donne à tous ses adeptes, tel j'ai vu Néophile, sa dix-chevaux pourtant inutilisable depuis trois jours entiers.

Pont-aux-anes. — « Lorque l'on doit répondre *non*, il ne le faut jamais faire crûment, mais par circonlocution, en disant : *Vous me pardonnerez, Monsieur; je vous demande pardon, Madame.* »

Second pont-aux-anes. — « C'est une rusticité ou une plaisanterie villageoise, de joindre le *Monsieur* ou le *Madame* à quelque mot qui puisse faire équivoque. *Ce livre est relié en veau, Monsieur. C'est là une belle cavale, Madame...* »

TROISIÈME PONT-AUX-ANES. — « Il est très malhonnête de faire servir de comparaison la personne à qui l'on parle, pour marquer quelque imperfection ou quelque disgrâce en une autre. *Je connais cet homme là; j'y étais quand il s'enivra*; *il est de votre taille, Monsieur.* De même à une dame : *Cette personne n'a pas trop bonne réputation, je la connais; c'est une femme grande et brune, comme vous, Madame.* »

ELLE, DES PIEDS A LA TÊTE

Sa robe droite, son fourreau; son grand corset jeté par dessus bord; son bibi; ses cheveux courts; depuis peu, ses talons plats. Quels sont ces miracles ?

Et vois comme elle s'y tient fidèlement. C'est le plus remarquable.

Du même coup, en moins de dix ans, elles vous ont dégaîné et brandi deux vertus bien comptées, et si nouvelles et si mordantes, qu'en effet nous n'en revenons pas.

L'une est une vertu du cœur. C'est la constance. L'autre, une vertu de l'esprit. C'est la logique. Ce sont deux prodiges.

Voyons-les s'exercer.

LA ROBE

Elles ne veulent plus quitter la taille basse. Je ne pense plus, je n'espère plus qu'elles la quittent jamais. A vrai dire, je ne sais plus même si je ne dois pas leur donner raison contre moi, contre nous.

Leur fidélité à la taille basse n'a dépendu ni de toi, ni de moi, ni de personne. Tous les hommes de la terre ont essayé de les séduire, les attendrir, les faire changer. Toujours en vain.

La taille basse a commencé par être basse, c'est-à-dire par être laide, par les déformer, par raccourcir les belles pattes de la biche... Elle a rapproché du sol les beaux hémisphères, elle leur a même donné du ventre, une apparence de ventre, qui tenait au relâchement de l'étoffe en cet endroit. Nous disions tout cela, nous le ressassions.

Mais la taille basse un jour devint une absence, un semblant de taille. La robe se mua en fourreau. La belle avait appris à tricher, à biaiser. Dans le flou de la robe nouvelle, ses charmes ne furent plus étouffés. On nous les révélait d'une autre manière, la plus efficace, en nous les refusant un peu. Ses charmes ne furent plus étouffés, ou ne le furent qu'autant qu'elle le voulut, tout juste.

En même temps, la jupe qui l'entravait s'évasa pour la marche.

Nous sûmes alors où elle voulait en venir, avec sa taille basse. Ce n'était pas à vrai dire d'une taille, quelle qu'elle fût, qu'elle prenait souci, dans cette obstination singulière. Mais de la liberté, de la commodité de ses gestes. Elle avait, en tâtonnant, visé et atteint une cible. Elle avait voulu quelque chose qu'elle obtenait enfin : une robe, la simplicité même, à ôter d'un seul coup. Là ! Ses deux bras recroisés au-dessus de la tête.

SON CORPS

Elle voulut pareillement délivrer sa propre chair d'un surcroît, d'un excédent d'attraits, et y réussit. Pour incroyable qu'il paraisse, les femmes parviennent : 1° à changer de forme; 2° à nous convaincre qu'elles en valent mieux, qu'elles en sont plus belles. Si tu en doutes, regarde les portraits de l'histoire. Les seins augmentent, diminuent, montent, descendent, ressurgissent, s'éclipsent, reparaissent encore. Selon le siècle. Les hanches ne sont pas moins fantasques, moins dociles, moins compressibles.

La transformation de nos contemporaines a ceci de bon qu'elle est en général obtenue par l'exercice physique. Elles ont voulu avoir des poumons, des muscles, des jambes. Nous n'y perdons rien. Louange accordée sous les réserves que nous dirons.

SON LINGE

Il n'y a pas trente ans, lorsqu'une femme se déshabillait, lorsqu'elle avait manié dix mille boutons, ouvert trente agrafes, elle paraissait étreinte dans une cuirasse concave et convexe, qui était son corset. Une vaste toile blanche aux plis assez roides se gonflait sur sa jambe jusqu'au feston entourant les bas noirs.

Je ne me moque pas de la belle ombre. C'était une femme, et si belle, à l'occasion, que les vieillards, à s'en souvenir, leur gorge se sèche. Prête l'oreille quand ils parlent entre eux.

Ensuite, le linge abrégea et moussa. Autre lancination. Elles eurent les flancs adornés d'un flot de dentelles, en ballonnets Renaissance. Elles étaient comme un sorbet dans sa caissette.

Tu sais où elles en sont. A rien. A la chemise à mi-hanche, à la culotte puérile. Les deux pièces, d'une soie tellement fine qu'elles tiennent ensemble dans une main. La zone à laquelle viennent mordre les quatre jarretelles est large de quatre doigts. Et la poitrine est innocente, elle est biblique, elle est libre comme un chevreau.

Vienne un peu d'âge. Elles demandent seulement au caoutchouc de leur prêter son élasticité.

DEUX POUR UNE

Tu n'as pas su lui gagner une voiture. Elle s'en va dans la boue. Elle trotte. Paris est grand, l'hiver est sale. Elle a donc une robe courte. Elle eut aussi cette petite redingote, coupée dans la même gabardine, dans la même cheviotte marquetée qui t'habille, toi. Si demain la redingote passe de mode, elle prendra quelque costume tailleur.

Allez ! Vite. Ses cheveux secoués en arrière, son bibi enfoncé à deux mains, sa veste, son sac, son petit parapluie qui pend à son poignet (ou le contraire : son sac au poignet, son parapluie minuscule dans l'autre bras). Elle est prête. *Elle t'attend.*

Pour la première fois dans l'histoire du monde, elle t'attend.

Cependant, elle n'a pas oublié qu'elle est une femme. Ne crains pas. Garçonnière autant qu'elle en avait besoin — étant donné ce temps si court et ce train du monde qui va à tombeau ouvert — elle n'a pas oublié d'avoir un parfum, si passionné qu'on en reçoit un coup. Elle n'a pas oublié d'avoir un teint de nacre.

— Comment, de nacre ? Elle s'est faite arabe, turque, négresse. Ne sais-tu pas que sa poudre est ocrée, comme on lui dit ?

— C'est que la nacre a aussi de ces reflets sombres. Et les tubéreuses sont jolies, les lis et les jasmins, les roses, mais pareillement ce rose des coquilles, ce rose sourd et profond. Pense qu'à courir comme elle fait partout à toute heure, au soleil et au vent, soit par nécessité soit par un plaisir bien salubre, elle n'a plus si blanche la peau de son visage. Elle se nacre à l'unisson, et il convient, par conséquent, que tu te taises.

Que tu te taises, que tu l'admires, que tu saches comme elle a des bas jolis, si clairs. Dans ses souliers découpés, elle te donne à contempler, jusqu'à la plante, sa tendre statue de femme.

En réalité, tu as deux femmes. Tu as cette luronne qui a autant de lainages et d'imperméables que toi. Qui marche comme toi, qui n'est plus cette trotte-menu, qui n'a plus peur de l'orage, qui ne s'évanouit plus, qui a d'autres grâces, qui n'a plus tant d'afféterie, nymphe plutôt que princesse, qui bouge, qui parle hardiment, dont il semble même que la voix ait souvent mué, soit devenue plus grave. Et tu as cette sultane, cette reine, cette almée, cette Lamballe, cette Joséphine, qui parait le soir, dans l'éclat d'une lumière nouvelle, qui a plus de perles que jamais, plus de diamants, ou des diamants plus gros et plus étincelants, qui manie autant de brocarts, plus de toiles d'argent et d'or que ses aïeules, avec des parfums qui semblent émanés d'une autre galaxie.

Tu as deux femmes. De quoi te plains-tu ?

LES TALONS

Ses talons plats appartiennent à la première de ses deux révélations, et l'achèvent.

Ils vont lui apporter ces bas striés, carrelés, chinés, zébrés, que le plein air des bois ou les matins de la ville requéraient.

Tu sais bien qu'elle a le soir un talon, le plus fin, le plus aigu du monde, le plus délicat qui ait jamais régné sur les tapis et sur les dalles, pas si haut toutefois, raisonnable.

On le nomme le talon cubain. Je ne sais s'il vient des Iles, mais c'est un talon Louis XV allégé, d'un équilibre sans défaut. On se prend à rêver non plus seulement d'une Europe ancienne, mais d'un monde, loin dans les mers, qui fut charmé de recevoir jadis un modèle du pays de l'élégance, et qui nous le rend, un peu transformé, encore embelli.

LE CHAPEAU

Ou n'est-ce pas son éternel bibi qui te fâche ?

Il a beau changer. Il a beau s'inspirer des casques, des deux antiquités classiques, des bonnets du moyen âge, des toquets valois, il a beau changer, il est toujours le même.

Il te semble qu'il est parfois trop familier, qu'il ôte à nos cérémonies une certaine ampleur, une certaine noblesse. Ne te mets pas en colère, dis-lui plutôt :

— Vous me plaisez bien, vous me plairez toujours. Ainsi j'ai vu certain chapeau qui vous irait, Dieu sait !... Non, ce n'est pas une capeline, rassurez-vous. Il a, par derrière, son bord assez petit replié contre la coiffe, comme dans le petit chapeau du roi Louis XI. Vous ne serez pas obligée de vous tenir droite comme votre grand-mère. Vous pourrez vous appuyer. Vous aurez votre nuque bien à l'aise. Ce n'est que sur les côtés que ce bord s'évase, et sur le front, où il met une belle ombre, un bel orbe. Quelque chose pour ennoblir encore votre silhouette si fière, à Longchamps. Je vous le vois à un mariage, non pour être la plus belle, où vous n'avez besoin d'aucun secours, mais la mieux coiffée, la seule... Si c'est une capeline ? Vraiment, non, je ne le croyais pas.

BIJOUX

Quant à ses bijoux, il est vrai qu'ils sont d'habitude nus et rectilignes, audacieusement simplifiés. Ses bracelets sont nus, le platine et l'or blanc de ses bagues sont invisibles, ou bien ils s'enflent, au contraire, en anneaux de chevaliers. Mais as-tu jamais vu, en aucun temps, des gemmes plus belles, plus grosses, plus pures, — et mieux serties, et mieux taillées ? Elle te fait honneur. Est-ce que tu aimais tellement les petits cœurs, les petits trèfles, et ces *S* obtenus par la rencontre, assez nigaude, d'une perle et d'un brillant, sur un même anneau contourné? Elle a raison de donner à chaque pierre le sien. Elle a eu raison de voir qu'un diamant, une perle, valent surtout par leur masse éclatante ou irisée. Modère-la seulement. Je la vois aller en néophite jusqu'au bout de ses théories. Elle veut arrondir en cabochons les rubis, les saphirs, les émeraudes. Elle aime la simplicité (toujours la simplicité) de ces belles gouttes changées en cristal. Mais elle commence à tailler les diamants comme des émeraudes. Et c'est trop, pour le coup... Dis-lui qu'un brillant a besoin d'étinceler. Dis-lui qu'une première émeraude, un premier saphir qu'on lui donne, a besoin de ses biseaux. Enfin parle-lui sa nouvelle langue. La Logique.

PROPOSITIONS

Il serait bête de se priver des perles, de leur douceur, de leur reflet parce que l'on a trop peu d'argent. Vraies ou fausses, il les faut volumineuses, pour que cette lumière voilée tourne bien sur leur nacre. Mais fausses, qu'elles soient énormes, afin, si tu n'es pas riche, qu'on les tienne pour telles, qu'on n'aille pas te soupçonner.

Un diamant, il faut qu'il soit vrai. Tu disposes d'autres pierres, que le cours de la livre a remis à la mode, par force : les pierres de lune, les topazes, les améthystes, le saphir étoilé.

Il existe aussi quelques bagues moins mathématiques, dérivées (comme certaines de nos maisons) d'un XVIIIe siècle que nous amenons à nous. N'oublie pas qu'elles sont bien belles, avec leur dentelle de petits brillants qui cernent un saphir, une émeraude.

Attention à la montre-bracelet. Il ne semble pas qu'une seule suffise ni qu'elle convienne toujours. Il en faudrait une pour les costumes tailleurs, en cuir, une pour les petites robes, avec plusieurs rubans, pour assortir. Avec les grandes robes, un joyau... Même feint. De même que tu vas en soirée avec une robe simple, et non pas dans le plus fastueux des tailleurs.

Bien que l'on n'y regarde plus tant, je n'approuve pas celles-là qui traînent toute leur bijouterie partout, sans mesure, sans intention, comme des châsses.

Le chapeau décrit ci-dessus est celui que j'annonçais à la page 133, pour les cérémonies.

L'unité doit être poursuivie jusque dans le talon. Bottier ou bas, en costume tailleur. Un talon bottier avec une robe du soir est balourd.

Il n'est plus guère question du soulier serbe, du soulier à lamelles. On l'a peut-être assommé le jour qu'on lui a mis un talon haut.

Des souliers trop déchiquetés, ou trop marquetés, ou trop bariolés, et des talons incrustés, tu les laisses.

Le soulier d'or ou d'argent... Ou la robe est pareille ou elle est accordée. L'été un soulier d'argent est mieux qu'un soulier d'or. Je ne sais pourquoi.

Tes talons plats... Ils ont sept ou huit feuilles.

Le talon sans relief, qui se confond avec l'énorme semelle souple, est pour le golf, la marche.

Des bas couleur de chair... Mais vois si tu es blonde rose, blonde hâlée, brune pâle, brune lilas.

Tu commences même à te servir d'une petite canne. Pourquoi non ? Ce n'est pas la première fois. Ce sont des cannes rustiques qu'il te faut, des frênes, des noisetiers avec leur écorce ; à la rigueur, un petit rotin. Et assez mince, et assez basse : à la hauteur de la main, lorsque ton bras est à peine arqué.

J'ai vu aussi une mince tige de laurier, terminée par une demi-crosse d'or.

Après tout, était-ce la peine que le bout d'un parapluie traînât dans la fange ? Tu as donc raison. Et tu ne veux plus éborgner tes voisins dans la foule. Mais que cette pointe n'en devienne pas obèse, sous prétexte qu'elle ne sert plus.

Qu'une petite femme n'ait jamais un trop grand sac, qu'une grande n'en ait jamais un qui soit trop petit.

Ne songe pas à tellement maigrir. J'ai vu des dames, qui avaient fait jusque-là une admirable défense, perdre tout à coup dix ans pour avoir inconsidérément jeûné.

Sous prétexte d'amaigrissement, ne vis pas sans boire. Tu vas sécher. Demande à un médecin quelle affreuse mort.

Ne réduis pas tout ton dessous à cette nouvelle chemise, tu sais, qui a une sangle là, et c'est tout. Si tu n'as pas les jambes tout à fait belles, par prudence. Si tu les as à ravir, par habileté, pour une seconde offensive. Dans tous les cas, par pudeur. Quel charme, la pudeur !

Un fume-cigarettes n'a pas besoin d'être tout à fait aussi long qu'une lance de picador.

Fume, mais non pas comme un Suisse.

Il faut que le tabac d'une femme soit blond. Là, une femme n'a pas le choix. Admis qu'elle l'ait ailleurs, qu'elle soit libre (comme nous l'espérons autant qu'elle-même), que le bandeau de l'amour soit une fable.

ET TOI, DE LA TÊTE AUX PIEDS

Nous avons à résoudre plus d'un cas de conscience.

Celui de l'habit... Ne crains pas de haïr l'habit. Si nous n'en avions pas l'habitude depuis un siècle et plus, rien ne paraîtrait plus extravagant. Il est même burlesque. On l'a appelé un sifflet.

Il est inutile de dire que du moins nous l'avons, que rien ne le remplace, que toutes nos soirées iront à vau-l'eau, sans lui. Car nous avons le smoquin (je dis *smoquin* exprès, comme Thierry Sandre dans *Mienne*) qui est le veston du soir. Les gens qui inventèrent de porter le soir un habit portaient aussi un habit le jour. Il est donc juste que le smoquin détrône le frac comme le frac lui-même détrôna l'habit à la française.

Il faut que tu aies un habit, bien sûr. La cravate blanche, le gilet blanc. Mais tu sais que tu prends une voiture. Tu as le sentiment très bien établi que tu es comme déguisé.

Tous les vingt ans, les jeunes gens essayent de remplacer, avec l'habit, le claque par le tube dur. Ils l'essayent encore en ce moment, quelques-uns. Mais pourquoi faire ?

Est-ce que tu ne te caches pas aussi lorsque tu as ce tube miroitant ? Autre extravagance, l'invention d'un fou, à la lettre, qui fut lapidé dans les rues de Londres, comme je l'ai déjà rapporté ailleurs.

Le melon n'est pas moins hideux, ni son nom. Savais-tu qu'un jour, un comique obtint les plus grands succès par la forme de ses melons ? On lui demanda comment il les imaginait. Il répondit qu'il les gardait.

Les melons des années précédentes ne sont pas comme le vin.

Notre tendresse au chapeau mou... A chaque tête, ira le sien, plus ou moins large, plus ou moins haut.

Mais je crois que le smoquin devrait être bleu sombre, non pas noir de fumée. Ce noir que nous avons est funèbre.

Un certain smoquin d'été, sans gilet, sans doublure, pourrait être croisé, à deux rangs de boutons. Revers de soie. Le roi d'Espagne à Deauville.

La chemise molle... En revenant de la guerre, il semblait que nous ne dussions jamais remettre ce terrible carcan de toile dure. Nous ne l'avons en effet repris que le soir.

Pourquoi donc ? En quel Livre de quelle Loi est-il écrit que notre poitrine dût être recouverte, le soir, d'une cuirasse d'empois ?

Le col dur, oui. S'il n'est pas trop haut, il est même plus commode. On n'a pas besoin de le serrer tant sur le cou au moyen de la cravate. On est, en fait, plus libre. C'est le plastron, qui est sot, prétentieux, et si gênant lorsqu'il faut presser contre toi un poulet qui, elle, n'est plus si bête. Elle ne veut plus tant d'embarras entre sa personne et la tienne.

Il faut bien que tu aies des chemises dures pour ton habit, lorsque tu es contraint. Patience. Une petite dizaine d'années, nous en aurons vu la fin. Cette chemise à plastron dur est fendue par devant à l'anglaise (à quoi je n'ai jamais pu m'habituer). Sinon, elle te décoifferait, par-dessus le marché.

Ce n'est pas d'avoir un frac le soir qui importe, ni cet appareil de torture. C'est d'être habillé. A quoi le smoquin convient parfaitement. Son grain. Sa coupe. La soie.

Pour les galas, nous n'aurions qu'à dédaigner une autre légende. Nous lui donnerions cravate blanche et gilet blanc.

La redingote... J'ai conseillé de la porter, ou la jaquette, dans les mariages. A part cela, tu as presque abandonné les vêtements à taille. Le costume de notre siècle est le veston. Tout le reste est vestige, survivance, vieillerie.

— Mais Longchamp ? Mais le Grand Prix ?

Eh bien ! ce gris de perle que la tradition et le soleil de juin veulent sur nos têtes ne sera pas un tube, voilà tout. Il aura une forme à toi, et de l'aile. Pour ton costume, un beau veston croisé, longuet, bleu ou gris. Le bleu étant plus allègre, et le gris portant mieux la poussière. Des guêtres blanches, ma foi.

Qu'est-ce donc que cet esprit de routine où

l'on se heurte depuis un siècle à chaque pas ? Berné, éperdu des nasardes que la réalité lui donne chaque jour, il s'obstine, il s'accroche aux tribunes de parlement, au pantalon rouge, au képi de l'arme, au tabac caporal (cette infection), à la sainteté des urnes électorales. T'imagines-tu que les seigneurs français de 1650 se cramponnaient à la tenue du temps des Valois ?

Si j'avais l'honneur d'être officier, la grande tenue forgée *après* la guerre me déplairait, avec ses bottines perméables, contemporaines de Royer Collard, sa redingote du temps de Bourbaki, et son pantalon sans sous-pieds...

Des bottines à élastiques à l'armée de 1918 !

Certaines démarches, certaines visites veulent encore une jaquette. La mienne est noire, c'est le plus sûr. Pour servir en tous cas, en attendant.

Tu es chez ton tailleur, tu essayes... Tu ne veux point que ton épaule soit trop large ni trop étroite. Elle est assez large, un peu tombante. Le joint de la manche à l'épaule, il y a dix ans, chez le meilleur, tu aurais eu à lutter pour obtenir qu'il ne fût pas en bourrelet.

Tu as à combattre aujourd'hui si tu ne veux pas que l'emmanchure s'aplatisse, s'arrondisse comme si tu étais malingre.

Tu ne veux pas que ton dos paraisse saisi sur les reins par une invisible main, qui le remonte, et tu ne veux pas avoir des pectoraux de femme...

L'Angleterre a imaginé de revenir au veston trop droit, trop court, trop large, cylindrique. Tu en as dû remarquer des échantillons. Plus d'un jouvenceau (mais il détiennent tous les droits) s'est déjà précipité. Ils affichent un pantalon-jupe, lequel découvre, sous une veste trop brève, une poche arménienne à la Jean-Jacques. Une poche semblable à celle du pantalon démentiel de Jean-Jacques Rousseau. Grosse canne. Chapeau sur l'œil. Un col si bas que l'on n'avait point vu le pareil depuis l'amant d'Amanda.

Tu ne t'y laisses pas prendre. Tu as d'excellents modèles français : Sacha Guitry, Jules Berry, Debucourt.

Tu as un mètre soixante-seize, par hypothèse, pour fixer les idées. Depuis le pied de col, sur la ligne dorsale, ton veston va mesurer entre soixante-dix-neuf et quatre-vingt-un centimètres, selon qu'il est cérémonieux ou familier, et selon la longueur de tes jambes. Ton pantalon a vingt-deux centimètres sur le soulier. Pas trop long, ton gilet. La boucle toutefois en est assez basse, d'autant plus que tu n'as point de bretelles, mais une étroite ceinture. Dans la veste, la ligne de l'aisselle à la taille a besoin d'ampleur. Je dis là un grand secret.

Enfin tu ne tolères pas que le col soit doublé par un feutre qui remplace l'étoffe. Il y a là une invention de la paresse, le feutre étant plus docile à l'aiguille. (On épargne le *rentré.*) Quoi que l'on te dise, tu refuses cette *malfaçon*, puisque c'en est une.

A celui qui vendra toutes faites des chemises qui ne soient pas trop larges, trop longues, je prédis une grande fortune. Des chemises qui ne soient pas surchargées, à l'épaule et sur la nuque, des fronces qui étaient à la mode au XVIe siècle.

Le secret d'une chemise est dans sa juste encolure, ni trop haute, ni trop basse. Toute l'épaule en dépend, et de l'épaule tout l'équilibre de l'objet.

Un mouchoir de soie n'est pas un mouchoir.

Un col double mou doit tenir tout seul. Laisse cette épingle.

Un col cassé qui est trop haut augmente un menton grassouillet, ce qu'on appelle un menton romain, en souvenir de Lucullus.

Tu as une culotte (et non un caleçon). Ta chaussette est comme peinte sur la chair. Et comme tu as évité la bigarrure, comme ta chemise et ta culotte ont la même couleur, ou sont blanches l'une et l'autre, comme la couleur de ta jarretelle s'accorde au reste, et la chaussette avec la cravate, tu n'es point mal. Elle peut te voir.

Les lignes d'un chapeau continuent les lignes d'un visage; tout son ovale, l'ovale d'une tête.

Il entre bien. Il n'est pas trop grand. Il n'est pas trop petit. Ecoute encore.

Supposé que, de face, ta largeur d'une joue à l'autre soit plus grande que de tempe à tempe, rien ne t'ira. Tu seras malheureux. Mais tu m'as lu. (Comme je parle! A quoi je m'expose, pour parler vite!) Sur les deux côtés, entre le feutre et le cuir du chapeau choisi exprès un peu large, tu fais loger une épaisseur de surcroît : non pas un liège, allons donc ! Un tube aérifère ou un autre cuir. Ainsi la plus vaste circonférence que ta tête coiffée présente aux regards sera l'intersection de cette tête et du chapeau. Tu ne sembleras plus un monstre microcéphale. Remercie.

On va s'amuser à sortir quelquefois nu-tête, le soir, même en ville. Qu'il vienne seulement un bel été. Tu salueras de la main. Que d'inflexions nouvelles à concevoir !

Du temps de Balzac, il y avait plus de cent manières, disait-on, de nouer une cravate. Mais ce texte m'a toujours trouvé sceptique. Il devait confondre le genre et le cas, le nœud proprement dit avec les innombrables dispositions des coques.

Notre régate, actuellement, n'est pas creuse et soufflée. Elle n'est pas non plus étranglée entre le pouce et l'index. Elle est massive, assez petite, très régulière.

Il serait dommage que le nœud carré se perdît. L'opération est à quatre temps. Le premier mouvement fait glisser un pan sur l'autre. Dans le deuxième, tu replies l'un des deux côtés, tu dessines la coque inférieure

Dans le troisième, tu dessines le nœud ; le pan supérieur est passé dans la boucle du pan inférieur. Ici, un abîme s'ouvre, qui sépare deux âges. Nos aînés achevaient le nœud en mettant dans la boucle le pan supérieur, qu'ils repliaient en coque à cet instant. Nous procédons d'une autre manière. Nous tirons tout à fait, nous dégageons ce pan supérieur. Et c'est pourquoi nous avons un quatrième mouvement. Il consiste à rabattre le pan supérieur et à le couler. Après quoi, ayant serré, bien serré, il ne reste plus qu'à marquer ton inflexion personnelle.

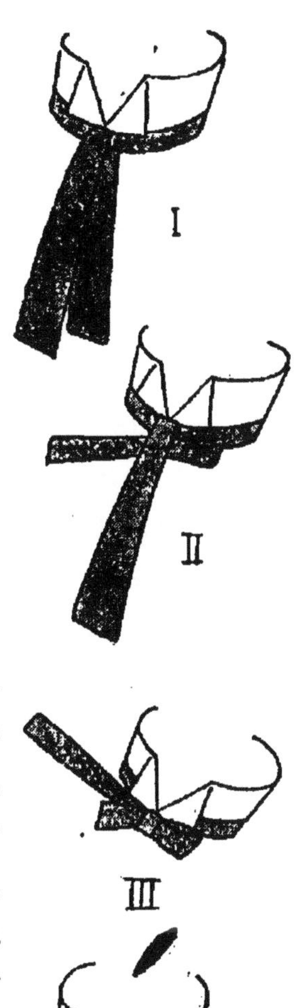

Marcel Boulenger, l'un des princes de sa génération, ou Maurice Wilmotte (gourmand parfait) veulent que les deux coques aient un air léger, quasi vaporeux. Nous nous accordons, en général, à les vouloir pleines, quasi rigides. Mais les uns, comme Jean-Louis Vaudoyer ou Georges de Traz (François Fosca) les veulent rigoureusement horizontales. Et d'autres les incurvent, les inclinent plus ou moins, comme Louis Sue (et le soussigné).

Cas particulier. Tu choisis une cravate extrêmement courte, tu la noues d'un seul trait, les deux pans élargis en ailes de papillon. Il n'y a point de coque, il y a deux ailettes. C'est ce que les jeunes gens préfèrent le soir. Bernard Grasset qui le porte même le jour lui donne un tour charmant.

Et parlons du plastron, belle cravate de cérémonie. Il se noue en trois mouvements, les plus simples du monde. Le premier est le même que pour le nœud carré.

Dans le second, les deux pans sortent, l'un à gauche, l'autre à droite. Dans le troisième, les deux pans sont rabattus l'un après l'autre sur le nœud. Epingle. L'on peut masquer tout l'ensemble par le pan qui est rabattu en dernier lieu. Ton plastron ne semble plus fait que d'une seule grosse coque.

L'épingle de la régate est pour ainsi dire

abolie. Le fixe-cravate tout à fait. Passer la cravate dans la chemise, entre deux boutons, est suspect, sauf pour courir. Une épingle à sujet est impossible. Les jeunes gens te mépriseraient, avec leur fanatisme. Ils n'admettent qu'une perle, un tout petit brillant, et préfèrent de s'en passer. L'épingle de nourrice en or a été bannie par l'épingle de même forme que nous portions naguère au col. Nous pourrions y revenir, pour fixer ensemble les deux pans, lorsque nous n'avons pas de gilet. Maurice Martin du Gard a résolu le problème de l'épingle par une idée géniale : une boule d'or ancienne.

De préférence, avoir une canne à poignée courbe pour sortir en ville ou marcher. Une canne droite le soir.

Il serait plus raisonnable, puisqu'il serait plus commode, de faire exactement le contraire.

La solution chère aux hobereaux est très bonne : à la main gauche, l'alliance et la chevalière, celle-ci pouvant être mise au petit doigt. A droite (tu n'y es pas obligé, c'est au contraire un maximum), une pierre à cachet, de la couleur à ton goût, et disposé en largeur, pour varier, si tu as déjà une chevalière oblongue à l'autre main.

N'abuse pas du platine, et sache le situer.

Les meilleurs boutons de manchette sont deux plaques d'or rondes ou ovales, tout unies. On a aussi des cabochons qui ne soient pas trop gros (lapis, pierre de lune, grenat, saphir), sertis d'un cercle, ou d'un carré, ou d'un hexagone.

Un monocle est une telle étrangeté qu'il faut en avoir le plus grand besoin, et n'avoir pas à recourir à un fil.

Entre l'œil et l'oreille, la branche de ces grandes lunettes, corne ou écaille, est une parfaite ligne droite. Au besoin, pour tenir, qu'elle s'infléchisse derrière la nuque, qu'elle y adhère.

Une promeneuse pleine de sagesse, comme l'héroïne de Rosny jeune ou celle de Binet-Valmer (dans *la Courtisane triomphante* et dans *la Prostituée ingénue*) me dit un jour :

— Les yeux eux-mêmes peuvent tromper au premier regard, et le costume, et la cravate.

La chaussure jamais. On ne porte pas un talon usé. On laisse un soulier qui fait trop de plis.

— As-tu remarqué, disait-elle encore, que tous les pauvres du monde boîtaient ? Un homme libre est chaussé à son pied. Un homme bien l'est admirablement. Nous le reconnaissons aussitôt. Si par hasard, on s'y trompe, nous ne serons pas volées. Un pauvre garçon chaussé à ravir doit avoir beaucoup d'esprit.

On n'a pas un soulier dont la pointe s'allonge.

On n'a pas un soulier dont la pointe s'épate.

On a une pointe arrondie plus ou moins. La pointe allongée à la poulaine et la pointe épatée en bec de canard, lorsqu'elles reviennent, sont toujours éphémères.

Grâce à Dieu, il n'est plus du tout question des chaussures américaines, aux orteils modelés en pleine pâte.

Quand ce livre aura paru, l'on aura essayé de lancer certains découpages bizarres et certaines oppositions — acajou et champagne, daim et lézard — qui sentent, je ne sais comment, leur Exposition de 1889. Basse époque.

La semelle aujourd'hui est d'un seul trait jusqu'au talon, elle ne s'amincit guère sous l'arche du pied. Le talon a toutes ses lignes perpendiculaires au sol.

Bien entendu, tu ne passes pas ta vie à contempler tes extrémités, comme ce sergent Beau-Pied que peignit Lucien Descaves.

Tu as ta crême, tu as tes laines. Pour ôter les taches du cuir, un peu d'essence. Pour empêcher l'encrassement, un peu d'eau de savon. J'ai juré de te dire tous mes secrets. En frottant avec un linge, *en rond*, tu mêleras à la pâte un peu de ta salive. Tu verras jaillir un soleil. Pour le dernier lustre, un velours ras. Et ce sont des soins que tu ne peux plus confier à personne. On voit à présent des millionnaires dont la chaussure est triste.

Tu dois savoir reconnaître, à l'achat, les cuirs qui ne rendront jamais, *quoi que l'on t'assure*, qui resteront moroses, quoi que tu fasses.

Le contraste est joli de ces souliers de jour, gros, à grosses piqûres en courbes concentriques, et de ces fragments, que tu chausses le soir, d'une pure laque.

Va, maintenant, marche sur la planète.

OU ELLE ARRIVE LA PREMIÈRE

On y mange de très bons gâteaux. Les meilleurs gâteaux de Paris, dit-elle. Mais toutes les pâtisseries ont leurs dévots.

Elle est arrivée la première... Qu'est-ce qui t'étonne ? Qu'il la fasse attendre ? Les camarades sont ainsi. La camaraderie ne se gêne pas.

Petit manteau d'un beau velours marron, borde de fourrure à toutes ses extrémités. C'est de la panthère, ou du moins elle l'a cru, ou il lui plaît de le penser, ou il lui plaît de le dire, non par fraude mais par pittoresque.

Elle a gagné sa chaise avec tranquillité, tenant sous son bras le maroquin rouge sombre de son sac rectangulaire, les deux petits côtés en ligne courbe. Elle marche aisément, avec de belles élongations, mais sans se faire accroire, et sans provoquer. Il y a des gestes d'elle, une démarche, il y a l'un de ses visages que son ami est seul à connaître.

Où sont les petits pas pointus de sa grand-mère ?

Elle n'a pas omis toutefois de mirer au passage devant une grande glace la ligne presque droite de sa personne. Le cercle ondulé, balancé, que la fourrure met autour de son bas si brillant l'a contentée. Pareillement le feutre beige (petit) qui opprime un peu son sourcil droit. Et les perles d'argent qui pendent à ses oreilles, et son collier de boules d'argent. Et l'arc vif de sa chaussure. Elle a souri subrepticement.

Assise, elle entr'ouvre son manteau, jette un petit coup d'œil sur le camélia piqué dans l'angle de la toison. La doublure qu'on entrevoit est d'un broché pourpre et or. La poudre est dextrement passée sur sa mine gaillarde. Repos. Elle a demandé du thé.

Il y a encore quelque différence. L'homme qui attend une femme est plus gentil s'il ne se fait pas servir. Tandis que la femme aurait l'air de chercher fortune.

Elle est brune, décidément. La main est admirablement soignée, poncée, polie, nette de toute trace ; les gants que voilà ayant été pris un peu larges tout exprès. Un assez gros brillant. Une chevalière à cachet lilas au petit doigt de sa main droite. Mais ce petit doigt est devenu un doigt pareil aux autres, il s'infléchit avec grâce sur le plan des autres. Il ne fait plus cavalier seul.

Son diamant est à côté du fil de l'alliance. Je n'avais point insinué qu'elle ne dût pas attendre un jeune époux.

Que voici...

Elle n'avait pas frémi d'impatience. Elle ne tressaille pas de bonheur, elle ne se récrie pas. Un grand sourire cordial, et la main, — que l'on ne baise pas chez le pâtissier.

Presque tous les hommes ayant un assez petit chapeau, le sien est assez vaste, beige aussi, au bord un peu incliné par devant. Flotte autour de son corps, un sac à grands carreaux, aux manches en ailes de pingouin. Foulard rougeâtre. Rotin recourbé.

Il n'avait déjà plus ses gants.

Il se dépouille, se débarrasse, et paraît son complet sombre. Vaste épaule, taille mince. Le tailleur achève ce que les sports ont entrepris. Il a la hanche égyptienne.

Il est net comme un sou neuf, rasé, fourbi. Tout est frais : la cravate, le linge de soie, avec sa raie luisante sur un fond écru, les cheveux modelant son crâne, les souliers laqués, la rare chaussette, la main loyale. Tout est frais, souple et commode. Quand il était debout, tu as vu qu'il n'avait guère plus d'abdomen qu'un lévrier. S'il se vautre un peu, il n'offensera personne.

C'est elle qui va chercher les gâteaux, puisque : 1° ils sont camarades; 2° il faut qu'elle choisisse à son goût.

Son manteau abandonné sur la chaise, elle traverse donc toute la salle, sans peur puisqu'elle est sans reproche. Et même en faute, nul ne verrait sa peur.

Elle est fière, sous cape, de sa petite robe. Qu'elle est maligne ! La taille basse a peut-être été inventée par les jolies laides, dont tout le charme était dans le visage. La taille basse et les fourreaux. Ces fourreaux où la grasse devait paraître mince, la maigre assez dodue. Mais les jolies belles n'ont pas tardé à rétablir leurs droits. Il est constant qu'il y a là deux libres seins, à ravir un nouveau Jean Goujon. Deux seins, une vraie taille sous l'étoffe, deux flancs purs et nerveux.

C'était une soie mate d'un beige clair, comme martelée d'un joli carreau rose. Resserrée au-dessus du genou, elle s'y élargissait comme un calice, comme un liseron.

Comment pouvait-elle paraître si vraie femme, dans cette robe de petite fille ?

Tu sais déjà qu'elle était brune. Elle était de ce brun des gitanes, où le sang transparaît, si rose, sous le hâle. Et si ce brun n'est pas très naturel en France, remercie-la de t'en donner l'illusion.

Les voilà qui mangent. Tu sais comment. On ne trempe plus sa rôtie dans le breuvage. On la coupe, on la mange à part. Mais si la gourmandise y perd très certainement, la civilité y gagne, le décorum.

PAR UN BAISER

Elle s'est assise dans la voiture qui va les emporter, elle a mis sur ses genoux son chapeau, son bonnet, son toquet, son amusant bibi aux bords inégaux, — deux doigts dans leur plus grande largeur.

Elle montre la belle boule de sa petite tête, aux cheveux un peu ondulés à plat, non ébouriffés, peignés de trois quarts d'avant en arrière, et découvrant tout à fait l'une des deux mignonnes oreilles, l'autre à moitié.

Ils échangent un regard.

Mon livre finit par un baiser.

(Cinéma de naguère, qui finissait toujours ainsi... Un jour, ils se sont aperçus que leurs dénouements étaient tous pareils, et les ont tous changés. Plus de baiser à la fin, jamais. Quelle vraisemblance ?... Il arrive toutefois que cette contrainte morale, excitant leur imagination, leur inspire une idée nouvelle, une scène entièrement louable et originale).

Le baiser se donnera toujours de même. Par le regard ou le pressentiment, il s'assure qu'il est espéré. Il y a aussi des baisers-surprises.

FIN

TABLE

—

ACHEVÉ D'IMPRIMER POUR
" LES ÉDITIONS DE FRANCE "
PAR L'IMPRIMERIE NOUVELLE
11, RUE CADET, A PARIS
- LE 30 SEPTEMBRE 1926 -

COLLECTION « *NOTRE TEMPS* »
PUBLIÉE SOUS LA DIRECTION DE PIERRE BONARDI

N° 1

HENRI BÉRAUD

Ce que j'ai vu à Moscou . . . . . . *Epuisé*

N° 2

LUCIE DELARUE-MARDRUS

Embellissez-vous ! . . . . *Epuisé*

N° 3

JEAN DE PIERREFEU

Comment j'ai fait fortune . . . . . . *Epuisé*

N° 4

PIERRE DOMINIQUE

Les Fils de la Louve

N° 5

EUGÈNE MARSAN

Savoir vivre en France et savoir s'habiller

POUR PARAITRE

HENRI BÉRAUD

Ce que j'ai vu à Berlin

ROLAND DORGELÈS

Quand j'étais caporal

PANAÏT ISTRATI

Nerrantsoula

www.ingramcontent.com/pod-product-compliance
Ingram Content Group UK Ltd.
Pitfield, Milton Keynes, MK11 3LW, UK
UKHW022052260726
13993UKWH00001B/59